U0894630

珍藏本

纪念版

汉译世界学术名著丛书

思想自由史

〔英〕J. B. 伯里 著

周颖如 译

2017年 · 北京

J. B. Bury
A HISTORY OF FREEDOM OF THOUGHT
Oxford University Press 1948
根据牛津大学出版社 1948 年版翻译

汉译世界学术名著丛书
（120年纪念版·珍藏本）
出 版 说 明

2017年2月11日，商务印书馆迎来120岁的生日。120年前，商务印书馆前贤怀揣文化救国的理想，抱持“昌明教育，开启民智”的使命，立足本土，放眼寰宇，以出版为津梁，沟通中西，为中国、为世界提供最富智慧的思想文化成果。无论世事白云苍狗，潮流左右激荡，甚至战火硝烟弥漫，始终践行学术报国之志，无改初心。

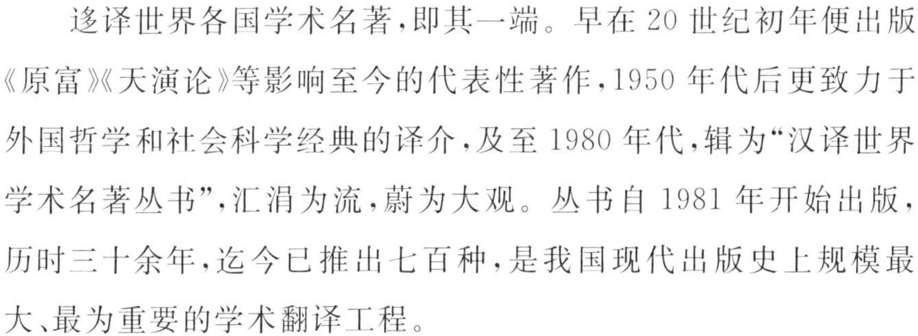

迻译世界各国学术名著，即其一端。早在20世纪初年便出版《原富》《天演论》等影响至今的代表性著作，1950年代后更致力于外国哲学和社会科学经典的译介，及至1980年代，辑为“汉译世界学术名著丛书”，汇涓为流，蔚为大观。丛书自1981年开始出版，历时三十余年，迄今已推出七百种，是我国现代出版史上规模最大、最为重要的学术翻译工程。

丛书所选之书，立场观点不囿于一派，学科领域不限于一门，皆为文明开启以来，各时代、各国家、各民族的思想与文化精粹，代表着人类已经到达过的精神境界。丛书系统译介世界学术经典，引领时代思想，为本土原创学术的发展提供丰富的文化滋养，为推动中国现代学术和现代化进程做出了突出的贡献。

为纪念商务印书馆成立 120 周年，我们整体推出“汉译世界学术名著丛书”120 年纪念版的珍藏本，寄望既利于文化积累，又便于研读查考，同时向长期支持丛书出版的译者、编者和读者致以敬意。

两甲子后的今天，商务印书馆又站在了一个新的历史时间节点上。我们不仅要铭记先辈的身影和足迹，更须让我们的步伐充满新的时代精神。这是商务人代代相传的事业，更是与国家和民族的命运始终紧密相连的事业。我们责无旁贷，必须做好我们这代人的传承与创造，让我们的努力和成果不仅凝聚成民族文化的记忆，还能成为后来人可以接续的事业。唯此，才能不负前贤，无愧来者。

商务印书馆编辑部

2017 年 10 月

目　录

第一章　思想自由与反对的阻力（导言）

常言道，思想是自由的。一个人只要不公开说出他所想的，他在心里爱怎么想就怎么想，绝不会受到阻挠。只有经验和想像力的极限才会限制他的思想活动。但是这种独自私下思索的天赋自由权简直毫无价值。如不允许思考问题的人与他人交流思想，他本人会感到很不满足甚至很苦恼，而对于周围的人来说显然也没有什么价值。并且，要把已支配了一个人的头脑的思想隐藏起来是极其困难的。如果一个人思考的结果使他对那些制约周围人们行为的观念和习俗发生怀疑，反对他们所信奉的信仰，寻求改善他们所遵循的生活方式，如果他确信自己的推论是正确的，要他默不作声，或只偶或言之，或只泛泛而谈，而不暴露自己与众人思想不同之处，不同意他们的见解，那几乎是不可能的。过去有一些人，像苏格拉底，宁死也不肯隐瞒他的思想，现在有些人也会这么做。因此，思想自由如有什么有价值的意义，应是包括言论自由在内的。

在现今最文明的国家中，人们视言论自由是理所当然的，似乎是最简单不过的事。我们正习以为常，以致把言论自由视为天赋权利。但是这种权利是晚近才获得的，为争取到这一权利的道路血流成河。历经多少世纪才使那些最开通的人们相信，发表个人意见和讨论各种问题的自由是一件好事而不是坏事。过去人类社会(有几个显著例外的情况)一向都是反对思想自由的,换句话说,是反对新观念的,其原因不难看出。

一般人的头脑天生地懒于转动,并且倾向于采取阻力最小的路线。普通人的精神世界由一些他毫无怀疑地接受下来且坚信不疑的信仰组成。对于任何会打乱这个熟悉的世界的既定秩序的东西,他都本能地敌视。一种与他所持的某些信仰不相容的新观念,意味着需要重新调整他的思想;而这一过程是很费力的,需要耗费脑力,令人麻烦。对既定的信仰和制度提出怀疑的新观念和意见,在他和构成社会上大多数的同辈们看来是有害的,因为不合他们的意思。

仅因思想懒惰引起的反感由于一种现实的恐惧感而加深了。保守的天性顽固不化,成为保守的教条,认为社会结构的任何变更会危及社会基础。只是到了晚近年代,人们才放弃了那种认为一国的繁荣取决于固定不变的稳定性及其传统和制度保持不变的信念。凡是那种信念占上风的地方,标新立异的意见被认为既讨厌又危险,任何人如对公认的原则提出"为什么"和"何所根据"的令人为难的问题,就被视为危险人物。

保守的天性及由此而形成的保守的教条,由于迷信而加强了。如果说包括全部习俗和见解主张在内的社会结构是与宗教信仰密切联系在一起,并被认为是受到神的庇护的,那么对社会秩序的批评就意味着不虔诚,而对宗教信仰的批评则是对超自然力量的天罚神谴的直接挑战了。

产生敌视新观念的保守精神的心理动机,由于社会中某些有权势的阶层的强烈反对而增强了，诸如一个阶级、一个等级，或一个僧侣集团，他们的利益是与维持既定秩序和既定秩序赖以建立的观念结合在一起的。

让我们设想一下，例如有一个民族相信日蚀是他们的神，为了向他们显示有用的消息这一特殊目的而使用的朕兆，可是一位聪明人发现了日蚀的真正原因。他的同胞们不喜欢他的发现，因为，第一，他们发现这很难与他们的其他观念调和一致；第二，这一发现打乱了他们认为最有利于他们的社会的秩序安排，使他们惶恐不安；最后，这冒犯了他们的神，使他们惊恐。那些以解释神兆为职责之一的僧侣们，对于这种危及他们的权力的理论，则感到惊慌和愤怒。

在史前时期，这些动机所产生的影响巨大，必定使在一些已进步的社会变革变缓，并且根本阻挠了一些社会进步。而在整个有史时期，这些动机继续在起着或多或少的作用，妨碍人们认识事物和进步。甚至在现今最先进的社会中，这些动机虽已不再有力量去抑制发展或制止人们发表革命言论，我们仍可觉察到其作用。我们仍会遇到一种人，他讨厌新思想，认为这或许是危险的。那些对社会主义持反感态度的人，有多少人曾研究过赞成或反对的辩论？只因这种观点搅乱了他们的精神世界并包含有对他们习以为常的行为秩序的激烈批评，便厌恶地表示不赞成。又有多少人会拒绝考虑改变我们不完善的婚姻制度的任何建议？只因这样的思想违犯了与宗教的教会法令联系在一起的许多偏见。他们是对是错也未可知，但如果他们是错了，那也不能怪他们，因为这是受到那阻碍原始社会进步的同样动机的影响。处于现在自由的环境中，周围的人总在期待新观念出现且犹感不足，尚且有那种精神境界的人存在，这倒使我们得以认识到，过去由这样一些人的观点形成公共舆论的时候，思想受到怎样的束缚，阻碍人们认知知识的阻力有多么巨大。

不顾权威、不顾他人的成见，自由发表个人对任何问题的意见，这在现在是一条牢牢确立的原则，但是我想过去只有少数人下决心宁死不屈为争取自由而战斗，才得以据理捍卫了思想的自由。我们很容易想当然地认为，言论自由是人与生俱来的不可剥夺的天赋权利，或者会以为这就足以反驳反对一方所能说的一切意见。但是我们很难看出这样一种权利是怎样才得以建立的。

如果说一个有某些“天赋权利”，维持生命的权利和生殖后代的权利肯定属于这一类。然而人类社会对其成员在行使这两种权利方面却施加了一些限制。一个饥饿的人是不许拿走属于其他人的食物的。男女乱交的生殖则为许多不同的法律和习俗所禁止。人们公认在限制这些基本权利方面，社会是有道理的，因为如果没有这些限制，一个有序的社会就不复存在。因此，如果我们勉强承认发表意见也属于同一类权利，那就不可能据此力争，说这种天赋权利可以免受干涉，或说社会对言论自由的管制是不公道的。而这种让步未免太大了。因为在上述两种情况中，限制影响到每个人的行为，而对言论自由的限制只影响比较少数的人，他们有革命的或反对因袭旧说的意见要发表。事实是，关于言论自由属于天赋权利的观念并没有权利确凿有据的论证，因为这涉及到社会与其成员之间的关系的站不住脚的理论。

另一方面，那些负责统治社会的人会争辩说，就和禁止任何反社会行动一样,他们有责任禁止有害的言论流传。他们可以说,一个人宣传反社会的理论较之偷邻居的马或与邻居之妻通奸危害性大得多。他们要对国家的兴隆负责,如果他们确信某种言论是危险的,危及社会据以建立的政治的、宗教的或道德的信条,那就有责任保护社会免遭危险,像防止其他任何危险一样。

对这种限制思想自由的辩解的真正答复将在今后适当时候出现。这个问题远不是很显著明白的。要得出对言论的压制是错误的这一结论需要很长的时间,到目前为止,世界上还只有一部分人确信这一点。就我个人的判断能力所及,这个结论是人类所得出的最重要的结论。这是权威与理性持续不断斗争的结果,也就是本书的主题。"权威"一词需要加一些说明。

如果你问某人怎么知道某事的,他会说:"我从可靠权威方面得知的。"或说:"我从一本书上看到的。"或说:"这是个常识的问题。"或说:"我从学校里学到的。"这些答复中不论哪一个的意思都是说他是从他人那里得到资料,相信他人的知识,而没有核实他们的话或是靠自己思考问题得出结论。大多数人的知识和信仰大都属于这一类,是从他们的父母、教师、熟人、书本、报纸上得来的,并未经过验证。当一个英国孩子学习法文,他是根据老师或文法书的权威才懂得动词变化和词的意义的。地图上标出在某个地方,有一个人口稠密的城市,叫加尔各答,这一事实对于大多数人来说是个有根据的公认事实。历史上存在过拿破仑或是尤利乌斯·恺撒,也是公认的事实。常见的天文学事实论据,除了那些研究天文学的人之外,也是通过同样方法得知的。显然,如果我们不认为根据他人的权威接受许多事实是正确的,那么每个人的知识确实会是很有限的。

不过我们认为正确的是有一个条件的。我们能够安然接受的事实必须是经得起论证或核实的事实。我上面列举的一些例子属于这一类。那个孩子要是去了法国或是能够读一本法文书，就能验证他得自权威的事实是真的。我天天都碰到很多事例证明，如果我不怕麻烦，我自己就能验证加尔各答的存在。我不能用这种方法弄清楚拿破仑的存在，不过要是对此有怀疑，一个简单的推理方法就表明：有大量的事实与认为他的不存在是不相容的。地球距离太阳约 9300 万英里，我对此没有怀疑，因为所有的天文学家都一致认为这是经过论证的，而他们的一致意见只是根据这一推测已经过论证才可以解释，如果我不怕麻烦去推算，也会得出同样的结论。

但是我们所有的知识并不都属于这一类。一般人的思想中不仅包含有可能核实的许多事实，也有许多信仰和意见是得自权威并且不能核实或证明的。信仰三位一体说是根据教会的权威，显然与相信加尔各答的存在的信仰属于不同体系。我们不能对这个权威性刨根问底，并要予以核实或证明。如果说我们接受这一教义，那是因为我们绝对信任权威才这么做，我们相信它的论断，尽管不能予以证明。

这种区别看来十分明显，简直不值得加以分辨。但是弄个一清二楚是很重要的。原始时代的人从他的先人那里得知，山里有熊，也有魔鬼，后来看到一只熊后，前一句话很快得到验证，但是他要是碰巧没有遇到魔鬼，除非他是个非凡的人，否则他不会想到这两句话之间是有区别的；如果他和人争论一个究竟，他倒会争辩说，同族人关于熊的话既然是对的，那么关于魔鬼的话肯定也是对的。在中世纪，一个人根据权威既相信有一个叫君士坦丁堡的城市，也相信彗星是不祥之兆，象征神的愤怒，而不会去区分这两件事的证据性质有什么不同。现在我们有时仍会听到类乎这样的论点：既然我根据权威相信加尔各答的存在，难道我不能根据权威相信有魔鬼吗？

由于人们不论在什么时候总被命令、要求或请求只根据权威接受一些未经证实或不可能检验的教义，而权威就是指诸如公共舆论、教会或圣书等。大多数关于自然与人的信仰并非建立在科学的观察上，但直接或间接符合宗教和社会的利益，因而受到一种势力保护，这种势力防止那些有运用推理的不合时宜习惯的人的批评。没有人在意他的邻居不相信一件可以验证的事。要是一个怀疑论者否认拿破仑存在过，或怀疑水的成分是氧和氢，不过是引起人们嘲笑或成为一个笑柄。然而要是他否定那些不能予以验证的教义，诸如存在一个人格化的上帝或灵魂不灭，那就要遭到严厉的指责，在一个时期还会被处死。我们的中世纪朋友要是怀疑君士坦丁堡的存在，只不过被人们称为傻子，但如果对彗星的意义提出质疑，那就会惹下大祸。要是他愚蠢到否认耶路撒冷的存在，那可就逃不了人们的嘲笑了，因为《圣经》中就提到耶路撒冷。

在中世纪，各种信仰覆盖了很大的领域，权威宣称这些是真实的并把它们强加给人们，而理性受到告诫，不容立足。但是理性不能不忠于自己，它不能承认专横的禁令或壁垒。经验的整个领域就是理性的范围，其中各部分都是连结在一起并相互依存的；要理性承认它可能尚未涉足的任何领域，或放弃它的权利，交给一个其资格尚未受到审查过并认可的权威,这都是不可能的。

按照定义,"理性主义"(rationalism)是指理性毫不妥协地维护它在整个思想领域的绝对权利。而至今仍附着于这个词上的轻蔑的诋毁,反映了理性与集结起来反对它的各种势力之间斗争的激烈。这一术语限用于神学领域,因为正是在这一领域,理性的自我断言遭到了最激烈、最顽强的反对。同样,拒绝思想受任何权威支配而只受自身支配的"自由思想"(free thought),也确切无疑地与神学相关联。在整个冲突过程中,权威一向占据优势。无论在任何时候,真正关注理性的人总是很少的少数人,在今后长时期里可能也会是这样。理性唯一的武器一向是论争。权威则使用了物质与精神上的暴力、法律上的高压手段和煽动社会不满等武器。有时它还企图利用它的敌手的武器,结果伤害了自己。实际上,权威一方战略形势上最弱的一点是,由于它的拥护者也是人,不禁也想用推理的方法,结果造成他们内部意见分歧。这给了理性可乘之机。可以说它在敌人阵营中发生影响,表面上服务于敌人的事业,实际上正在为夺取自己的胜利铺平道路。

有人会提出反对意见说,权威有一个由一些教义组成的正统领域,这些教义非人类经验所能理解,因此既不能加以证明或核实,同时也不能予以反证。当然,我们可以造出很多不能被反证为非的命题,可供某些极为虔诚的人去信仰;但是没有人会坚持说,只要这些教义的错误不实之处未得到证明,就应当完全相信。如果说其中只有一些是可信的,那么,除了理性之外,谁能做出判断呢?如果有人回答说,权威可以做出判断,那我们就碰到难题了,因为过去有许多得到权威支持的信仰,最终已被否定,并且被普遍放弃了。不过仍有人说,除非能证明某一神学教义是错误的,否则我们似乎就没有理由反对它。但是证明的责任不在反对者一方。我记得有一次谈话,有人对于地狱说了些不敬的话,一位忠于地狱之说的朋友却得意洋洋地说,“尽管似乎很荒诞,你却不能反证其为非。”如果你听说,在围绕天狼星转的一个行星上有一群蠢驴,它们讲英语并以讨论优生学来消磨时间,你不能反证这话是荒谬的,但能因此就有权要求人们相信吗?如果这话为人们足够多地反复讲述,那么通过暗示的强有力的力量,有些人从思想上也会接受它。这种主要靠重复强调发挥的暗示力量(据研究,这就是现代广告的理论基础),对于建立权威性的意见和宣传宗教信条曾起了很大的作用。理性有幸也能利用这同一助力。

下文的概略叙述限于西方文明。从希腊开始,并试图简单叙述几个主要阶段。这仅仅是对一个庞大而错综复杂的论题作的最简略的概论。如果充分论述这个题目,那就不仅包含有关宗教、教会、异端和迫害的历史,而且也涉及哲学史、自然科学史和政治学说史。从16世纪到法国大革命,几乎所有重大的历史事件都与争取思想自由的斗争有关系。自从古代文明衰落以来,理智的力量和社会的力量的一切趋向和相互影响,曾阻碍或帮助了理性的解放,所有这一切都需要用毕生精力来思考,需要写出多部著作来阐述。本人现在所能做的,甚至在一本比本书篇幅要大得多的书中所能做的,只是简单陈述斗争的大体经过情况,并对作者碰巧曾专门研究过的某些特点方面作些详细的论述。

第二章　理性自由时代
（古希腊罗马时期）

如果有人要求我们详细说明文明受惠于古希腊人之处，我们很自然地首先想到他们在文学艺术方面的成就。但是一个更正确的答复可能是：我们对希腊人的最深切的感激之情是由于他们是思想自由和辩论自由的创始者。因为这种精神上的自由不仅是他们在哲学上的思辨、科学上的进步、政治制度方面的实验的条件，也是他们在文学艺术领域创作出优秀作品的条件。例如，他们的文学如果被禁止有批评生活的自由，就绝不会达到那么美妙的境地。然而撇开他们实际上所取得的成就不谈，即使他们在人类活动的大多数领域没有做到已做出的了不起的贡献，他们坚持自由原则的主张就足以把他们置于最崇高的造福人类者的行列了：因为这是人类进步中最伟大的步骤之一。

我们对于希腊人最早时期历史的了解不足以解释他们怎么会获得自由的世界观，并从而具有对批评和好奇心的范围不加限制的意志和勇气。必须承认这一特点是一个事实。但是大家应当记住，希腊人是由许多个别的部族组成的，虽然具有一些共同的重要特征，但在气质、习俗和传统方面大不相同。有的部族较之其他部族守旧、落后，或不是那么富有才智。本章所谈的希腊人，不是指所有的希腊人，而只是指那些在文明史上最举足轻重的希腊人，特别是爱奥尼亚人与雅典人。

小亚细亚的爱奥尼亚是自由思考的发祥地。欧洲的科学史和欧洲哲学史都起源于爱奥尼亚。正是在这里(公元前 6—5 世纪),古代的哲学家运用推理的方法,想深入探讨世界的起源和构造。当然,他们还不能使自己的思想完全摆脱公认的见解,但是已着手摧毁正统观念和宗教信仰的工作。在这些思想先驱者中,应该特别提到色诺芬(尽管他不是最重要或最才华出众的人),因为人们对他的学说的宽容说明这些人生活在怎样的自由氛围中。他从一个城邦周游到另一个城邦,对民众关于诸神和诸女神的信仰的道德根据提出质疑,对希腊人已形成的把他们的神人格化的观念加以嘲笑。"如果牛有双手和人类的本领,它们也会按牛的模样塑造诸神。"对公认的神学的这种攻击,也是对古代一些诗人,特别是荷马史诗的真实性的攻击,当时人们认为荷马是神话方面的最高权威。色诺芬严厉地批评他,因为他把人类犯下的会被认为极不光彩的行为说成是神的行为。我们没有听说有任何人企图采取措施制止他这样攻击传统信仰并指斥荷马为宣扬不道德行为者的言行。我们必须记住,从没有人认为荷马式诗歌是上帝的话。曾有人说荷马史诗是希腊人的《圣经》。这话完全不对,不符合事理。希腊人幸而没有《圣经》,这一事实既是他们拥有自由的表现,也是他们拥有自由的重要条件。荷马的诗歌是世俗性的,不是宗教性的。我们还可注意到,较之人们可能提到的一些圣书,荷马诗歌较自由,不受不道德和野蛮残暴行为的影响。荷马史诗的权威极大;但是它不像一本圣书的权威一样具有约束力,所以批评荷马史诗从没有像批评《圣经》那样遭到阻挠。

在这一方面，我们还可以注意到自由的另一个表现和条件；希腊不存在神圣人员有超自然力的教义（sacerdotalism，司铎天赋神权说），寺庙的僧侣从没有形成为一个有势力的等级，可以为了一己的利益而对社会横行霸道，有能力压制人们发出反对宗教信仰的言论。行政当局把做公共礼拜的总控制权掌握在自己手中；同时即使某些僧侣可能会有相当大的势力，但我们一般说来实质上是国家公仆，除了在有关宗教仪式的技术细节方面外，他们的话无足轻重。

现在回过来谈谈古代哲学家，他们大多数是唯物主义者，有关他们思辨推理的记载是理性主义史上很有意义的一章。我们可以举出两个伟大的名字，即赫拉克利特[①]与德谟克利特[②]，因为他们通过苦思冥想，或许较之其他任何人更使理性养成以新的方法来观察宇宙，并冲击常识中一些经不起推敲分析的观念。人们首次从赫拉克利特处获悉，呈现于我们感官的物质的东西恒久不变的现象是假象，宇宙及其中万物无时无刻不在变化，这是令人十分惊讶的。德谟克利特所完成的惊人业绩在于提出宇宙原子论，这一学说在17世纪又被人重新提出来，在抽象思想史上是与物质的最现代的物理和化学理论相联系的。当时希腊没有神圣权威所强加于人的想入非非的创世说，来妨碍这些强有力的智者头脑思考问题。

① 赫拉克利特（Heraclitus，约公元前540—约前480年），希腊哲学家，因其宇宙论而著名，认为宇宙处于永恒流动的过程中，万物是通过理性相互关联的。——译者

② 德谟克利特（Democritus，约公元前460—约前370年），希腊哲学家，在宇宙原子论的发展方面占重要地位。——译者

这整个哲学思辨为被称作诡辩学派(Sophists)的教育家们铺平了道路。他们是在公元前5世纪中期后开始出现的。他们不断地周游全希腊,在各地工作,训练青年参与公共生活,教导他们如何运用理性。作为教育家,他们心中有实际的目的,从物质宇宙问题转向人类生活的问题,即道德与政治。在这方面他们碰到的难题是区分真理与谬误,其中最有才能的人研究了知识的性质、推理的方法(即逻辑),和推理的工具(即演讲)。不论他们的各种具体理论的内容如何,总的精神是自由的调查研究和自由讨论。他们寻求通过推理的方法来验证一切事物。公元前5世纪的后半期以称之为启蒙的时代(the age of Illumination)。

我们会注意到,在引起对权威抱怀疑态度方面,希腊人对外国的了解也产生了相当大的影响。当一个人只熟悉本国的习俗时,这些习俗看来是多么理所当然的事,以至于他视之为很自然的;然而当他旅行国外,发现完全不同的习尚和流行的行为规范时,他开始领悟到习俗的力量,并且了解到道德和宗教因地域不同而不同。这一发现具有削弱权威的倾向,并引起令人不安的反思。例如,就一个生长于基督教环境的人来说,他终于认识到,如果生于印度恒河流域或西亚的幼发拉底河流域,就会坚信完全不同的教义。

当然,像一切时代一样,这些思想自由运动只限于少数人。无论什么地方,大众都是极其迷信的。他们相信,依靠诸神的善意,城邦才得以保平安。如果这种迷信精神受到惊动,哲学思辨推理往往就有遭受迫害的危险了。在雅典就发生过这种情况。大约在公元前5世纪中期,雅典不仅成为希腊一个最强大的城邦,而且在文学艺术方面也属于最高的地位。它拥有一个成熟的民主政体。

政治辩论是十分自由的，当时领导这个国家的是政治家伯里克利，他本人就是个自由思想家，与当时所有离经叛道的思想最少也有所接触。他与哲学家安那克萨哥拉[①]过从尤为密切。安那克萨哥拉来自爱奥尼亚，在雅典施教。他对于民间信奉的诸神是个彻底怀疑论者。伯里克利的政敌通过攻击他的朋友来打击他。他们提出并通过一项渎神法，按照这条法律，不信神者和那些教授天体学说者会被控告有罪。安那克萨哥拉教导人们说，诸神是抽象的概念，而普通希腊人朝夕祈祷的太阳是一大块火红的物体，要证明他是个渎神者是很容易的。安那克萨哥拉靠了伯里克利的势力才免被处死；他交付了很重的罚款，离开雅典到兰普萨克斯去，在那里受到尊敬和款待。

有记载的另几件事也表明，反宗教思想容易遭到迫害。最伟大的诡辩学家之一普罗塔哥拉发表了《论诸神》一书，目的在于证明人们不能通过推理知道诸神。开章明义第一句话说："关于诸神，我既不能说他们存在，也不能说他们不存在。为什么我们不能知道有许多理由。这个问题是暧昧不明的，而人生是短促的。"他被控犯有渎神罪并逃离雅典。但是当时并没有一套首尾一贯的镇压自由思想的政策。普罗塔哥拉的著作册子被收集起来付之一炬，而安那克萨哥拉阐述他曾因而被判罪的观点的书却在雅典一些书店中廉价出售。理性主义的思想还胆敢出现在戏剧舞台上，尽管在酒神节上的戏剧演出是宗教仪式。诗人欧里庇得斯的思想

① 安那克萨哥拉(Anaxagoras，约公元前500—约前428年)，希腊自然哲学家。因创立宇宙论并发现日、月蚀的真正原因而闻名。——译者

充满近代的思辨,尽管有人对他的某些悲剧的倾向提出不同的意见,他还是常常让他的剧中人物发表一些非常反传统的观点。一位颇有人望的政客指控他为不敬神。我们可以猜想,在公元前5世纪最后30年期间,非正统的思想在受过教育的阶级中流传很广。社会上有很大一部分人是有势力的理性主义者,足以使对自由的有组织的压制不可能实现,而渎神法的主要坏处就是可能被人出于个人或党派的理由而加以利用。据我们所知,有些控诉的确出于这样一些动机,另外一些则出于真正褊狭的思想,或由于担心这种怀疑思想会扩展波及受过高等教育的私有间的阶级之外。宗教对于普通百姓来说是一件必需的好事,这是希腊人及以后的罗马人都普遍接受的原则。一些不信宗教是真理的人,却相信它作为一种政治制度是有用的,通常哲学家也不设法在民众中间散布搅乱"真理"的话。那些并不相信公众认定的宗教信仰的人,表面上是遵奉的,这是当时的习尚,比现今尤甚。民众受到高等教育不是希腊政治家或思想家的纲领中的一项。人们或许可以辩解说,在古代世界的环境条件中,这几乎是行不通的。

然而,有一位杰出的雅典人的想法都不同,这就是哲学家苏格拉底。苏格拉底是最伟大的教育家,但他与别人不同,尽管贫穷,教学却不收学费。他的教学经常采取讨论的方式,讨论结果往往没有肯定的结论,但大意说明,某些公认的见解站不住脚,而真理是很难确定的。关于知识和道德,他当然有一些明确的观点,在哲学史上是最重要的,但就本书的论题来说,他的重要性在于热心倡导辩论和批评。凡是愿意听他讲话的人,他都一律看待,不加区别地与之谈话，他教导与之谈话的人，要将一切民间信仰通过理性裁判，要以不带偏见的心情对待一切探究，不要根据大多数人的意见或权威的意旨去做出判断。总之，检验一个意见是否正确，不能仅凭是大多数人所抱有的事实，而还应寻求其他检验方法。他的弟子都是青年人，后来成为下一代的主要哲学家，有的人在雅典历史上成了显要的人物。

要是雅典人那时候就有一份日报，那苏格拉底就会被记者们指责为危险人物。但雅典人有一种滑稽喜剧，经常演出以嘲讽哲学家们和诡辩学家们及其空虚的理论。现在我们还存有阿里斯托芬[①]的喜剧《云》，剧中把苏格拉底嘲弄为一个崇尚不信神且有破坏性的空谈的典型代表。除了这种令人讨厌的事外，苏格拉底一直到老年都在进行对他的同胞的教导工作而没有遭到什么灾祸。后来在他 70 岁的时候，他被指控为无神论者和败坏青年思想者而被处死(公元前 399 年)。如果雅典人真的认为他是个危险人物，那就不会容忍他这么长时间，这真是一件很奇怪的事儿。我认为控告的动机无疑是出于政治目的。苏格拉底对许多事情有自己的看法，他不赞同无限制的民主，也不同意那认为愚昧无知的大多数人的意志是良好的指导的原则。可能人们知道他赞同那些想限制选举权的人。在经过政体不止一次被推翻的一场斗争之后，民主政体取得了胜利(公元前 403 年)，对那些不支持它的人很怀恨，在这些对他们不忠诚的人中，苏格拉底被挑选出来充当牺牲品。如

① 阿里斯托芬(Acistophanes，约公元前 450—约前 380 年)，古希腊最著名的喜剧作家。——译者

果他想逃跑,可以很容易就跑掉。如果他保证不再对人们进行教导,那几乎肯定能获免罪。事实上在审判他的501个普通雅典人中,投票赞成豁免他罪的是一个很大的少数。甚至在那时候,如果他肯改变主张,他也不会被判死刑。

他挺身而起利用这个伟大的机会,以一篇精彩的不落俗套的讲演为辩论自由辩护。他的最卓越的弟子、哲学家柏拉图写的《苏格拉底的申辩》,再现了他的辩护的大意。显然,对于指控他不承认城邦所崇拜的诸神这一点,他未能做出令人满意的反驳,关于这个问题的解释是他讲演中较弱的部分。但是他用为自由辩论所作的杰出的答辩驳斥了对他败坏青年人思想的谴责。这是《苏格拉底的申辩》中最有价值的部分;直至今天令人读了仍非常感动。我认为他所作的答辩的两个要点是:

(1)他坚持认为,个人对于任何人类权威或法庭强制他走自己认为是错误的途径,应不惜任何代价拒不服从。那就是说,他断言个人的良心是至高无上的,是超越人类法律的。他把自己毕生的工作说成是一种神圣的追求;确信在专心致力于哲理辩论中,他已完成了按照一个超人指引者的命令去做的事;宁死也不愿不忠于这种个人信念。他说:“如果你们提出可以宣判我无罪,但有一个条件,就是我得放弃对真理的追求,我要说:谢谢你们,雅典人,但我将听命于我所相信的使我从事这一工作的神,而不是你们,只要我一息尚存而力所能及,我永远也不会停止追求哲理的工作。我要继续招呼我所遇到的人,并对他说,‘你一心要发财和荣誉,而不关注智慧和真理并改善你的心灵,不觉得羞愧吗?’我不知道死亡为何物,它也可能是件好事,而且我不感到害怕。但是我确实知道离弃一个人的职责是件坏事，我宁要那可能是很好的事而不愿要那已知是坏的事。”

(2)他坚持自由讨论的公共价值。“你们从我身上找到一位富有刺激作用的批评家，我不断地用劝说和谴责来驱策你们进步，百折不挠地检验你们的意见，并力求使你们明白，你们自以为已知的实际上是无知。你们如能把听到我谈的各种问题天天进行辩论，那是对人最有益的事。生命如经不起这样的辩论的检验，是不值得存在下去的。”

因此，从这可称为为思想自由所作的最早的辩护中，我们应肯定两点意义重大的主张：一是个人良心的权利是不能取消的——后来为争取自由的许多斗争又转向这一主张；一是辩论和批评对社会的重要性。前一个主张不是根据论证而是根据直觉；事实上是根据某种超人道德原则的设想，在那些不具有与苏格拉底同样的个人体验并否定这种设想的人看来，他的辩护是无足轻重的。第二个主张在经历了二千多年之后，现在可以作较全面的表述，其意义是他所未曾梦想到的。

当时审判苏格拉底的环境说明，宽容与褊狭的思想都在雅典盛行。他长期免遭惩治，最后被控告是出于政治动机或许还有个人动机，支持他的人数虽为少数但数量众多，这些事实都表明那时思想一般说来是自由的，存在褊狭情绪大部分只是间歇引起的，而且很可能往往为了其他目的。我可以提一下亚里士多德的事，他由于险些被控渎神罪而在大约七十年后离开雅典，这种指控只是一种托词，因为他攻击了一个属于某一政治派别的人。对思想进行迫害从未成为制度。

要寻找希腊的迫害思想自由的精神,还得转到哲学家中去找,这看来是很奇怪的事。苏格拉底最杰出的弟子柏拉图,在他晚年构想出一个理想国。在这个"国家"中他创立了一门与当时的宗教大不相同的宗教,提出要迫使所有的公民信仰他的诸神,违者处死或监禁。在他所设想的铁一般的制度下,一切辩论自由都被排斥。但是他的态度上很有趣的一点是,他并不关心一种宗教是否正确,而只在乎这宗教在道德上是否有用;他准备通过编造寓言来促进道德;他谴责民间神话,不是因为神话是虚伪的,而是因为它不是为正义而作的。

雅典允许拥有广泛自由的结果是出现了许多哲学体系,苏格拉底的谈话是它们的共同根源。我们可以坚持认为,柏拉图、亚里士多德、斯多噶学派、伊壁鸠鲁学派、怀疑论派,这些名称所代表的思想成果,较之任何其他连续不断的思想运动,对人类进步产生过更深刻的影响,最少在一个新的自由时代的现代科学兴起之前是这样。

伊壁鸠鲁学派、斯多噶学派和怀疑论派的学说,旨在为个人心灵求得安宁和指引。从公元前3世纪起,这些学派的学说在整个希腊世界广泛传播,我们可以说,从那时起,大多数受过良好教育的希腊人或多或少都是理性主义者。伊壁鸠鲁的学说有很明显的反宗教倾向。他认为,畏惧是人们信仰宗教的基本动机,因此,使人们思想摆脱这种畏惧就是他的学说的一个主要目标。他是一位唯物主义者,用德谟克里特的原子论来解释宇宙,否认宇宙有任何神的统治。[1] 他的确也认为存在着各种神，但是，就人类来说，他的诸神似乎不是住在遥远的地方享受着“神圣而无穷的安静”的生活，而只是被用来作为实现理想的伊壁鸠鲁享乐主义生活的样板。

这种哲学中有某种因素，具有赋予一位非凡天才诗人灵感的力量，使他用诗来阐述它。罗马诗人卢克莱修[2]（公元前1世纪）把伊壁鸠鲁看作人类的伟大解放者，并决定在《物性论》一诗中宣告他的哲学的好消息。诗人以宗教狂的激情来谴责宗教，发出种种挑衅、厌恶、蔑视的调子，以猛烈的言辞指责宗教怂恿人们犯下的种种罪恶。他像是无神论者大军的首领，骑马冲向天堂的围墙。他把科学的论证解释为仿佛是一个新世界的光辉启示；对于一个旨在达到完美的安宁境地的学说来说，他的这种狂热的激情是一种奇妙的伴奏。尽管希腊的思想家们已完成整个工作，而这篇拉丁诗歌只是歌颂战胜沮丧的神们，然而因其大胆反抗精神的诚挚，必定在自由思想的文学上占有一个显著的地位。如果它是在信奉正统观念的社会中爆发，那在理性主义史上的重要性会更大些。但是在卢克莱修那个时代，受过教育的罗马人已对宗教抱怀疑态度，其中有些人还是伊壁鸠鲁享乐主义者，所以我们怀疑，在读过这篇诗歌的那些人中，会有多少人为这位反宗教斗士的大胆精神所震撼或受影响。

---

① 他是这样来叙述有关魔鬼的起源的神学难题的：神或者是希望消灭魔鬼但不能做到，或是能做到而不愿意，或是既不能也不愿意，或者是既能也愿意。如果他配称神的名字，前三种设想是难以想像的，因此，最后一条必定是真的。那么，为什么魔鬼还存在呢？由此可见，作为宇宙的统治者的神是不存在的。

② 卢克莱修（Lucretius，约公元前93—约前50年），拉丁诗人和哲学家，他的唯一长诗《物性论》表述了伊壁鸠鲁的原子论，使人摆脱对宗教的恐惧。——译者

斯多噶学派的哲学对思想自由的事业做出了显著的贡献，如果在一个言论不自由的环境氛围中就不大可能盛行。它主张个人有反抗公共权威的权利。苏格拉底已看到，法律会有不公正之处，人民会犯错误，但是他没有找到指导社会的原则。斯多噶学派则在自然规律中发现这个原则，它较之各国人民所有的习俗和成文法都更重要、更优越，这个学说传到斯多噶学派圈子以外，流行于罗马世界，并影响了罗马立法。

这些哲学已经把我们从希腊带到罗马。在罗马共和国晚期和罗马帝国初期，对言论没有施加任何限制，因而这些把个人置于首要地位的哲学也得到广泛传播。大多数首要人物并不相信本国的官方承认的宗教，但认为从为使没有受过教育的下层民众守规矩着想，宗教还是很有价值的。罗马这种为了大众利益而培养迷信思想政策曾受到一位希腊历史学家的高度赞赏。这就是西塞罗的态度。在古代不相信宗教的人中，这种认为虚伪的宗教作为一种社会机构必不可少的观点却很普遍。就是到了今天，这种观点不论采取什么方式表达，也是常有的；最少，总有人不是根据真理而是出于功利目的不断为宗教进行辩护。这种辩护属于马基雅维利[①]治国之术，他教导人们说，宗教是统治国家所必需的，支持他所认为是虚伪的宗教多半是一个统治者的责任。

我们必须为卢奇安[②](公元2世纪)说几句话，他是最后一位希

① 马基雅维利(Niccolò Machiavelli，1469—1527年)，意大利政治家、思想家，著作颇丰，有《君主论》、《佛罗伦萨史》等，以论统治权术著称。——译者

② 卢奇安，或译琉善(Lucian，约120—约180年)，罗马帝国时代的希腊修辞学家、讽刺作家，著有《神的对话》、《冥间的对话》等。——译者

腊文人，其作品广为人们欣赏。他以公开的嘲笑攻击了民间流传的神话。他的讽刺作品在给读这些作品的有教养的不信宗教者提供乐趣之外，是否在当时产生过什么影响是很难说的。《悲剧篇中的宙斯》是效果最大的作品。卢奇安在其中所设想的情景就像是一位现代作家亵渎神圣那样，描绘三位一体中的人物与某些著名的天使和圣徒在天上的吸烟室中正讨论英国不信宗教现象，然后用电话传送器偷听到一位自由思想家与一位牧师在伦敦公共讲坛上的辩论的情景。对于使神仙人格化的荒谬性这个题目，再没有人比卢奇安的讽刺更滑稽、更精彩的了。

罗马的政策一般说来是对整个罗马境内的各种宗教和各种言论都采取宽容的态度。渎神并没有受到惩罚。在提比略皇帝的箴言中表达了这个原则："要是诸神受到侮辱，让他们自己去处理吧。"宽容准则的一个例外情况就是在对待基督教教派上，对这一东方宗教的处理可以说是欧洲宗教迫害的开端。弄清楚这些有才能、讲人道并毫不狂热的皇帝们采取这一异常的政策的原因是很重要的。

长时期以来，只有那些碰巧听说的罗马人才知道基督教徒，他们把这些人看作是犹太人的一个教派。犹太教由于封闭排外和褊狭，是为具有宽容度量的异教徒所不欢迎并受到猜疑的一种宗教。然而尽管它有时与罗马当局发生冲突并遭到一些鲁莽的攻击，罗马的一些皇帝对犹太教一直采取的政策是，放任不管并保护它免遭因它自己的宗教狂热引起的仇恨。但是犹太教只要仅限于本族出生的人入教就受到容忍，如要向外传播就引起一个新问题。社会上一些教派友好地生活在一起，看到一个咄咄逼人地敌视社会上其他教派的教派在扩展,其信徒又有一个敌视人类的坏名声,一个统治者就会忧心忡忡。它超越以色列人范围的扩展最终会不会危及帝国的安危呢?因为它的精神是与罗马社会的传统与基础不相容的。图密善皇帝似是以这种观点看待这个问题的,他采取严厉的措施禁止罗马公民改宗犹太教。受他打击的那些教徒中有一些可能是基督教徒,但即使他知道二者有区别,依他看来也没什么不同。基督教与它从中分裂出来的犹太教在褊狭和敌视罗马社会方面很相似,不同之处在于它使很多人改宗而犹太教使人改宗的则很少。

在图拉真皇帝时代明文规定:成为基督教徒是违法的,会被处死。从此以后基督教就一直是个非法的宗教。但实际上法律并没有严格或强制地执行。这些皇帝希望,如果可能的话,不用流血就可以根除基督教。图拉真规定基督教徒不受搜捕,匿名控告不予受理,一个告密者如不能证实他的指控就要根据诽谤罪受到惩处。基督教徒自己也认识到这一敕令实际上保护了他们。公元2世纪有一些人被处死刑——但得到充分证实的不多——基督徒既遭到刑罚也传得了殉教的光荣。有证据表明,他们被捕后,常得到默许逃跑。一般来说,对基督教徒的迫害与其说是当局想干的,不如说受下层民众的煽动所驱使。这一神秘的东方教派公开敌视诸神并祈祷世界毁灭,使下层民众感到恐惧。一旦发生水灾、饥荒,特别是火灾,他们总易归罪于基督教徒的邪恶的魔法。

任何人一旦被指控为基督徒,为检验控告是否真实,就要求他向诸神或向奉为神圣的皇帝们的塑像烧香。他如顺从就立刻免他的罪。基督徒不肯——只有他们和犹太教徒不肯——向皇帝们烧香礼拜,那在罗马人眼中就是最险恶的证据,说明他们的宗教是很危险的。这种礼拜的目的是象征拥有这么多属于不同信仰和不同诸神的民族的帝国的团结一致;其意图是政治性的,用来促进团结和忠诚;那些斥责礼拜的人就会被怀疑有不忠诚之心,这是不足为奇的。但我们必须注意到,并不是每个公民都必须参加礼拜。帝国的任何居民如不为国家当兵或做公务人员的就不要求遵从。所以结果是将基督教徒排除在军队和政府官员的职业之外。

这一时期(公元2世纪)出现的一些"为基督教申辩",要是皇帝们(其中有些是向他们申诉的)曾看到,就会更坚信那认为基督教在政治上是危险的观点。从字里行间就很容易看出,基督教徒有朝一日占上风,绝不会宽恕这个国家的各种异教崇拜。同时代的塔提安①的著作《致希腊人》显示出这些申辩者或多或少设法掩饰其对他们生活于其中的文明世界的无法克制的仇恨。任何一位读过这一时期的基督教文献的人都会看出,凡基督教徒掌权的国家,对待其他宗教仪式是不会宽容的。如果说皇帝们在基督教问题上施行的不是宽容政策,他们的目的在于保障宽容政策。

在3世纪,基督教虽仍遭禁,却受到十分宽宏的容忍;教会不用隐蔽就组织起来;举行基督教会会议不受干涉。有过几次短暂的局部的镇压企图,但只有过一次严厉的迫害(始于公元250年遭德西乌斯②迫害,并继续遭瓦莱里安③的迫害)。事实上,在这整个

---

① 塔提安(Tatian,约120—173年),叙利亚人,约于172年在叙利亚创立自律派,编写有《福音合参》和《致希腊人》二书,影响很大。——译者

② 德西乌斯(Decius,约201—251年),罗马皇帝(249—251年),曾颁布诏书要求全体公民履行一次宗教祭礼仪式,对敢违令的基督教徒进行迫害。——译者

③ 瓦莱里安(Valerian,? —260年),罗马皇帝(253—260年),在任期间变本加厉地恢复德西乌斯迫害基督教徒的做法。——译者

世纪中并没有很多牺牲者，尽管基督教徒们后来编选了一整套殉教的神话。把许多残忍的行径归到一些皇帝头上，但据我们了解，在这些皇帝统治下，基督教会过着十分太平的日子。

一段长时期的内乱，使帝国似乎动摇不稳几近倾覆，戴克里先皇帝[①]通过重要的行政改革结束了内乱，帮助保全罗马帝国度过又一个世纪。他想通过恢复罗马精神来支持他的政治统一工作，试图为官方承认的宗教注入新生命。为达到这个目的，他决定压制基督教日益增长的影响。基督教徒虽属少数派，但人数很多，他对他们施行了迫害政策。这是历经很长时间的残暴、流血的政策，广泛而有组织，一心一意要扑灭这被禁止的宗教信仰。结果他失败了，这时基督教徒已人数太多，无法扑灭了。在戴克里先退位之后，分别治理帝国不同地区的皇帝们并不认为他的政策是上策，因而颁布了一些宽容敕令(311—313 年)，终止了迫害。这些文件对于宗教自由史来说是值得注意的。

第一道敕令是在东部诸行省颁布的，内容如下：

“我们特别希望受蒙骗的基督教徒们重新回到理性和合乎自然的道路上来，他们曾经抛弃他们的祖先所建立的宗教和仪式，狂妄地藐视古代的常规惯例，凭自己的胡思乱想编造出不合常规的戒律和狂妄的言论，从帝国各不同行省集结种种会社。我们以前发布的旨在加强推行崇拜诸神的一些敕令，已使许多基督教徒遭受危险和苦难，许多人已丧了命，还有许多人仍坚持不信诸神的愚妄，至今不得参与任何公众宗教礼拜，为此我们有意本着一向宽大

① 戴克里先(Diocletian，245/248—约 316 年)，284—305 年在位。——译者

为怀的宗旨，对这些不幸的人开恩。我们今后将允许他们自由表达个人的意见，只要他们对现有的法律和政府一直保持应有的尊重，他们可以毫不恐惧、不受干涉地在自己的集会场所集会。”

第二道敕令出自君士坦丁皇帝之手，称为“米兰敕令”，大意类似，宽容政策的出发点是皇帝关心他的臣民的和睦与幸福，并希望告慰在天之上的神。

罗马帝国政府与基督教徒的关系，引出了迫害与信仰自由的一般问题。一个有公认的宗教的国家，对各种教义和信仰都十分宽容，但却发现其中出现一个宗教团体敌视其他各种教义，毫不妥协，而且它一旦拥有权力，就会镇压其他各种宗教。这个政府出于自卫，决定抑制这些破坏性思想的传播，并给立誓信仰那种教义的人定罪，这样做不是由于它的一些具体信条，而是由于那些信条的社会后果。这个宗教团体的成员如放弃他们的排外教义，就不得不违背信仰并遭受诅咒。于是有人断言，信仰自由原则是高于对国家的一切义务之上的，对这一新主张政府无法容许，结果就是迫害。

即使从一个正统的、忠诚的异教徒的立场来看，对基督教徒的迫害是难以宽恕的，因为血白流了，毫无用处。换句话说，这是犯了一个大错误，因为并不成功。迫害政策是在两害之间做出选择。暴力（没有一个为迫害辩护的明白人会否认迫害本身是一害）与容许危险思想传播，二者择一。选择了前者只不过为了避免后者，理由是后者是更大的害。但是如果迫害政策不是这么制定并且实施去达到目的，那么我们就有两害而不是一害，没有什么可为这一点辩护。皇帝们从他们的观点出发，有充分理由把基督教看成危险的和反社会的宗教，但是他们会要么放任不管，要么采取有步骤的措施摧毁它。要是在初期阶段设立一个有系统的严厉的宗教法庭,那他们很可能就把它消灭了。这至少像是政治家治理国家的样子。但是他们完全不懂得采取极端措施,而且也不了解(没有经验可指导他们)他们必须对付的问题的性质。他们希望通过威吓就能成功。在镇压政策的意向上摇摆不定、忽明忽暗,徒劳无益,非常可笑。后来的镇压措施(公元250和303年)没有成功的希望。我们应特别注意到的是,罗马没有采取任何措施禁止基督教文献。

即使迫害达到所企望的目的,迫害是否具有正当的理由这个更重要的问题没人考虑过。斗争的中枢问题是个人的信仰与当局及所谓国家的利益之间的对立。这是苏格拉底曾经提出过的问题,这时以更迫切而可畏的形式在更广阔的讲台上提出来:当服从法律与服从一个无形的主人二者无法一致起来时会出现什么情况呢?不惜任何代价或在什么限度内尊重个人信仰是国家义不容辞的责任吗?基督教徒们并不企图得到解答,他们对这种一般性问题并不感兴趣。他们仅为自己要求从一个非基督教徒政府那里得到自由的权利;要是政府镇压他们所憎恨和加以诽谤的诺斯替教派[①],他们会向政府欢呼,这样猜想并不过分。无论如何,一旦一个基督教的国家建立起来,他们就会完全忘却那个他们曾吁求过的原则。殉教者是为信仰而死,而不是为自由而死。时至今日,这个世界上最大的教会在那些它没有控制的现代国家中要求信仰自由,但是在它掌握权力的国家中,却拒绝应承给予信仰自由是它义

① 诺斯替教派,早期基督教的一个教派,融合多种信仰,把神学和哲学结合在一起的秘传宗教。——译者

不容辞的责任。

我们要是回顾一下古希腊罗马全部历史，可以说思想自由就像人们呼吸的空气一样。这是理所当然的事，因此也没有人对此加以思考。如果在雅典有七八个思想家因异端邪说被判刑罚，在某些情况甚或大多数情况中这只是个借口。当时知识的进步并不曾受到偏见的阻碍，科学也未因非科学的权威的势力而停滞了，上述事件并未使这个一般事实不能成立。受过教育的希腊人是有宽容度量的，因为他们是理性的朋友，并没有建立任何权威来压制理性。除非通过辩论，意见不会强加于人；人们不会被要求像小孩一样接受某种“天国”的宣传，或使你的思想匍匐在自称一贯正确的权威面前。

然而这种自由不是一项有意识的政策或经过深思熟虑而取得的坚定信念的结果，因此不是很牢靠的。有关思想自由、宗教自由、宽容这些问题并没有强加给社会，也从未受到认真的考虑。当基督教的问题摆在罗马帝国政府面前时，没有人看到，对一个低微的小教派，在异教徒思想家心目中是乏味的、令人讨厌的教派的处理中，竟包含有一个具有深刻的社会重要性的原则。思想自由的理论研究必须以迫害的理论和实践的漫长经历作为牢靠的根据。基督教会所采取的高压统治的可怕政策及其后果，最终迫使理性对这个问题进行深思，并发现了要求思想自由的正当理由。古希腊罗马人的精神，长存在他们的著作中，经历长时期被遮蔽无光之后，又重放光芒启发全世界，并帮助重建理性支配的时代，这是他们曾漫不经心地享受到但未确保其基础的方面。

第三章　理性被禁锢
（中世纪）

“宽容敕令”颁布后约 10 年，君士坦丁大帝承认基督教为国教。这一重大决定肇始了理性被禾缚禁锢、思想遭奴役、知识没有任何进步的一千年。

在基督教曾是遭禁的教派的二百年间，基督教徒要求得到宽容，理由是宗教信仰是自愿的事，没什么事是可以强制的。当他们的信仰变成了居于支配地位的信条并有国家的权力作后盾时，他们就抛弃了这一观点。他们着手从事一项工作，希望能使人类对于宇宙奥秘的看法完全一致起来，并开始采取一项多少是明确的压制思想的政策。部分是由于政治上的理由，皇帝们和政府采纳了这一政策，因为宗教方面的对立倾轧如此激烈，似乎会危及国家的统一。但基本原则建立在下述教义基础上，即只有在基督教会中才能得到拯救。基督教极其确信，那些不信仰其教义的将永堕地狱，上帝惩罚神学谬说，似乎它们罪大恶极。这自然就导致迫害。教徒们看到他们的永恒利益受到威胁，就认为阻止谬说传播，把唯一正确的教义强加给人们是他们的职责。信奉异端邪说的人与寻常罪犯不同，人们能对他们施加的惩罚较之等待他们的地狱折磨就不算什么了。有些人尽管很有德行，但由于犯了宗教上相信异端邪说的错误，成了全能上帝的敌人；把这些人从世上扫除，

是基督徒明白无误的职责。这些人的德行不能成为他们得到宽恕的理由。我们必须记住，按照基督教的仁慈教义，异教徒只不过是人，其道德就是罪恶，婴儿如未经洗礼夭折，将在地狱的地上爬行度过其余的时间。由这些看法产生的褊狭必然与世上所见到的其他事在性质和程度上有所不同。

除了教义的推理方法外，《圣经》的特点对于基督教会的褊狭原则也有部分关系。早期基督教徒不幸把一些犹太教的著作收入他们的《圣经》中，这些犹太教著作反映了文明较低阶段的观念并充满野蛮思想。《旧约》的可尊敬的读者盲目相信其神的启示，必然就赞同那些充满残忍行为、暴力和愚顽的戒律和实例，因此很难说清楚它在使人道德堕落上造成了多大的伤害。它为迫害的理论提供了武器。事实上，《圣经》是阻遏道德和思想进步的一道障碍，因为它把某一特定时代的观念神圣化，把那时的风俗习惯看成是神规定的。基督教由于采用了远古时代的著作，在人类发展的道路上设置了特别令人讨厌的绊脚石。我们可能会想到，要是基督教徒把耶和华从他们的教纲中删除掉，满足于《新约》，否定了《旧约》的启示，那么不知道历史会怎么改变——尽管肯定会改变的。

在君士坦丁大帝及继位诸帝治下，颁布了一道又一道的敕令，严厉谴责对旧有的异教诸神的崇拜和基督教异端派别。背教者尤利安皇帝在其短暂的在位时期（公元 361—363 年）曾设法恢复旧秩序，宣布普遍的宽容政策，但禁止基督教徒在学校中传教，使他们处于不利地位。这只不过是一时的抑制。异教终于被皇帝狄奥多西一世的一些严厉的法令打得落花流水（公元 4 世纪末）。它们还在各处，特别是罗马和雅典，零落地挨过一个世纪，但已没有什么重要性了。这时基督教徒更多地关注内部斗争，不大关心去粉碎那已被打败了的古代精神了。在西班牙处死异端派普里西利安[①](公元4世纪)，是对异端判处死刑的开端。有趣的是看到这个时代一位非基督教徒教训基督教各教派应相互容忍。特米斯提乌斯[②]曾上书瓦伦斯皇帝，敦促他取消针对那些他所不赞同的基督教徒的一些敕令，并阐述了宽容的理论。“个人宗教信仰是政府的权威不能起作用的领域；让人屈从只能导致虚伪的信仰表白。各种信仰都应允许存在；政府应对正统派与异端派一视同仁，为他们的共同利益进行统治。上帝自己也明白表示他希望有各种不同方式的礼拜；通往上帝那里的道路有许多条。”

圣奥古斯丁(死于公元430年)受到的崇敬和享有的崇高权威没有哪个教父能超过他。为了指导后代，他以《圣经》的坚牢根据——引用在一则寓言中耶稣基督说的“强迫他们进来”的话，制定了迫害的原则。直到12世纪末，教会一直竭尽全力于镇压异端派别。这期间有很多迫害事件，但并没有首尾一贯的方针。我们有理由认为，教会对异端的追究，主要受它对本身世俗利益的考虑所支配，只有当错误教义的传播有减少教会收入的危险或看来构成对社会的威胁时才采取严厉的措施。12世纪末，英诺森三世做了教皇，在他的统治下，西欧教会的权势达到顶峰。在设想和创始了一项把异端从基督教世界扫除掉的有组织的运动上，他以及随

① 普里西利安(Priscillian，约340—385年)，西班牙人，早期基督教主教，因异端罪被处死的第一人。他宣传二元教义，宣称物质邪恶，精神善良。——译者

② 特米斯提乌斯(Theluistius，约317—389年)，罗马帝国后期的希腊哲学家、雄辩家。——译者

后继位的教皇们是负有责任的。位于法国西南部的朗格多克,其居民大多属于异端派,称为阿尔比派[①],他们的意见被认为特别违犯教义。他们是图卢兹伯爵的臣民,是勤劳而可敬的人民。但是教会从这些反教会的居民中收敛的钱财太少了,英诺森要求伯爵从他境内清除异端派。伯爵不从,教皇就发动一个十字军来征讨阿尔比派,许诺给所有参加者通常给予十字军的报酬,包括赦免他们的一切罪行。接着就发生一连串血腥的战争,英国人西蒙·德·蒙特福特也参加了。大批的成年男女和儿童被烧死或绞死。虽然异端并未被根除,但人民的抵抗被打垮了,随着图卢兹伯爵备受屈辱,这场斗争于 1229 年结束。这一事件的重要之点在于,教会为欧洲的公法引进一条新的原则,即一个君主要保住王冠,必须以清除异端为条件。如果他不愿执行教皇下的迫害令,则必定受到压制:土地被没收,领地可任由被教唆使来攻击他的任何人夺取。教皇从而建立了一套神权政治制度,在这种制度下,其他一切利益集团都必须从属于维持信仰纯正这一最崇高的责任。

但是为了根除异端,必须从其最秘密的隐匿处把它查出来。阿尔比教派虽被击溃了,然而其教义的流毒尚未肃清。公元 1233 年教皇格列高里九世设立了称作宗教法庭的有组织的搜索异端派的体系,教皇英诺森四世的诏书(1252 年)把这一迫害机器规定为

---

① 阿尔比派,因以阿尔比城为主要活动基地,故名。11、12 世纪盛行于法国南部和意大利北部。相信善恶二元论,反对天主教会的仪式和组织,不承认教会的权力,谴责教会聚敛财富。后遭残酷镇压而失败。——译者

“每个城市和每个国家的社会结构中不可或缺的部分”,从而使之完全确立起来。这种强有力的禁止人们的宗教思想自由的手段在历史上是独一无二的。

单是主教们是不能胜任教会承担的新任务的,于是就在每个大教区挑选一些合适的僧侣,由教皇授权去查找异端分子。这些审判官拥有无限权力,他们不受任何监督,也不对任何人负责。若不是当时的世俗统治者已独自创立了反异端的无情立法,要建立这个制度是不容易的。皇帝弗里德里希二世[①]本人无疑是一位自由思想家,却为他在意大利和德意志的广阔领土制定了一些法律(1220—1235 年间),规定一切异端派应予以取缔,没有公开悔过者应处以火刑,公开悔过者予以监禁,如故态复萌则处死;他们的财产应予以没收,房屋予以摧毁,其子女除非告发父亲或其他异端分子,否则没有资格任有报酬的职位。

弗里德里希的法律认定火刑是对异端分子合适的刑罚。这种对犯此罪的残酷处死方式似乎是首先由一位法兰西国王施加于异端派的(1017 年)。我们必须记住,在中世纪及其后很长时间,对各种犯罪都是处以极残酷的刑罚。英国在亨利八世时,有过把放毒者投入沸水中煮死的事例。异端被视为一切罪恶中罪大恶极者;战胜异端就是战胜地狱军团。对待异端分子的残酷法律条规受到大众舆论的热烈支持。

宗教法庭充分发展起来后遍布西方基督教世界,如天罗地网

① 弗里德里希二世,或译腓特烈二世(1194—1250 年),神圣罗马帝国皇帝,德意志国王和西西里国王。——译者

一般，异端分子很难从密密的网眼中逃脱。各个不同王国中的审判官相互合作、互通消息："整个欧洲大陆有一连串的法庭。"英国未采用这一制度，但是从亨利四世到亨利五世时代，根据一项特别法令（公元1400年；1533年撤销，玛丽女王时又恢复；最后于1676年撤销），政府用火刑镇压异端分子。

宗教法庭强制统一信仰的工作在西班牙最为成功。到15世纪末，这里已形成一套自有其特点的制度，非常留意提防罗马方面的干涉。西班牙的宗教法庭（直至19世纪才取消）的成就之一就是驱逐摩尔人或使摩尔人改宗，因为这些摩尔人还保留有很多伊斯兰教的旧有的思想和习俗。据说它也铲除了犹太教，并且曾防止新教传教士到本国热情传教。但这不能证明它有保护西班牙免遭新教传入的功劳，因为即使新教思想的种子播下了，落在不合适的土壤上无论如何也不能生根发芽。在西班牙，思想自由不管怎样都完全是被禁止的。

"信仰敕令"是搜索异端的一个最有效的办法，它征召人员为宗教法庭服务，要求人人都做告密者。某一地区不时有人来视察，并发布一道敕令，命令凡对任何异端有所知情者前来揭发，否则要遭受世俗的和宗教上的可怕的惩罚。结果没有一个人能不受邻居甚或自己家人的怀疑。"这是前所未有的最巧妙的创举，把全体人民制服，使思想瘫痪并落到盲从的地步。它把告发别人抬高到崇高的宗教义务的地步。"

在西班牙，审判那些被控为异端所采用的程序拒斥各种弄清事实真相的合理方法。囚犯既已被认为犯罪，如何证明他无辜的责任就落在他自己身上;法官实际上就是起诉人。所有反对他的证人,不管声名多么狼藉,都予以接受。承认起诉的证据的条例很松,为辩护否认证据的条例却很严。犹太人、摩尔人和仆人可以提供反对犯人的证明,但不能为他辩护,同样的条例适用于直到第四亲等的亲属。宗教法庭起诉所根据的原则是:宁可叫一百个无辜者受罪,也不能让一个犯罪的人逃脱。任何人如给火刑柴堆捐赠木头,就能获教会赐予的赎罪券。但是宗教法庭的法官本身不能判处火刑,因为教会一定不能犯使人流血之罪。教会法官宣布犯人是一位异端分子,不可救药,并将他移交给世俗政府(公文上的措辞是"对他放宽管制"),要求地方长官负责"仁慈而宽大地"处理他。但是政府对这种形式上的吁求宽大处理无法考虑;它别无选择,只能把他处死;要是它不这么做,那就是异端的煽动者。根据"教会法",一切王公和官员必须将宗教法庭移交给他们的异端分子及时而迅速地予以惩治,违者就被革除教籍。应当注意的是,民间想像中被火刑处死的人数被估计得过多了,但是因这种制度所采取的种种方法而蒙受苦难和受到死刑以下的种种惩罚的总人数可没被夸大。

宗教法庭在这些迫害措施中所使用的法律程序使欧洲大陆的刑法学受到腐败的影响。研究宗教法庭的历史学家利氏(Lea)说:"在宗教法庭随后所带来的祸害中,这是最大的祸害,直到 18 世纪末期,在大部分欧洲地区,为肃清异端而发展起来的审问程序,变成了处理一切受到任何指控者的审问程序。"

这些审判官如吉本所说,"用残酷的手段保护荒谬",常被当成残忍的怪物。倒不如说,他们和那些贯彻他们意旨的国王们一点也不比远古时代用人作祭神的牺牲品的祭司和僧侣更坏。杀死女儿伊菲珍妮亚做牺牲品以求从诸神处得到顺风的希腊国王阿伽门农，或许是个最慈爱的父亲，而劝他这么做的先知也可能是个非常正直的人。他们是按照宗教信仰这么做的。中世纪及其以后时期也是这样，一些性情温和纯为道德而奋发热情的人，一遇到疑是异端之人就绝对没有仁慈之心。仇恨异端是一种传染性病菌，是从唯有基督教才能拯救人类的教义中产生的。

我们也看到，这种教条也伤害了人们的真理意识。在一个人生死攸关之际，看来采用任何手段，甚至撒谎和欺骗来强制推行正确的信仰，都显然是正当或绝对必需的。他们对编造奇迹虚构什么故事毫不犹豫。直到17世纪不带偏见的鉴别真伪才开始盛行。

在这一原则及其有关负罪、地狱和最后审判的教条导致这样一些后果的同时，基督教还有另外一些教条和暗示在中世纪形成一座坚固的堡垒，反对知识进步，堵塞科学的道路，直到19世纪后半期之前一直阻碍科学进步。在科学探索的每一个重要领域，阵地都被错误的观点所占据，教会宣称根据《圣经》一贯正确的权威，这些观点是正确的。犹太教关于“上帝创造世界”和“人的堕落”的记述，与基督教的“救赎”理论难分难解地结合在一起，排斥了地质学、动物学和人类学的自由探究。《圣经》的字面解释包含有太阳环绕地球转的真理。教会谴责相反的理论。对塞尔维图斯（于16世纪被焚，见下第79页[原书页码。——译者]）的指控之一就是他相信一位希腊地理学家的话，说犹太（Judea）是一片贫瘠不毛之地，而无视《圣经》上把它描写成一个牛奶和蜂蜜横流的土地的事实。古希腊医生希波克拉底对医药和疾病的研究都是根据经验的有条不紊的调查研究。到中世纪人们却倒退到野蛮时代的原始观念了。把身体患病归因于超自然力量的作用,如魔鬼的恶意或上帝的惩罚。圣奥古斯丁说,基督教徒的病是恶魔引起的,而路德同样地把疾病归咎于撒旦。超自然力量引起的病理所当然地要寻求超自然的医治方法来治疗。于是兴起了带有奇迹般功效的圣物大量买卖,这有给教会带来一大笔收入的好处。医生常常被怀疑从事巫术活动和缺乏宗教信仰。人体解剖遭到禁止,这或许部分是由于躯体复活的教条。18 世纪教士反对接种是中世纪有关疾病观念的复活。化学(炼金术)被认为是一种魔术,在 1317 年遭到教皇的谴责和禁止。罗杰·培根①(13 世纪)曾遭到长期监禁,因为他在表白真诚信仰正教的同时,又本能地喜好科学探索而引起麻烦,这说明中世纪不相信科学。

即使这种由于神学方面的理由而对科学不信任的风气没有盛行,关于自然的知识方面也可能进步不大。因为早在基督教变得很有势力之前五百年,古希腊有科学已停止前进。约在公元前 200 年,已没有什么重大科学发现。要寻找这一衰落的原因并不容易,但我们确信可以在希腊和罗马世界的社会情况中找出原因。而我们也会觉得,即使居支配地位的信仰不敌视科学,中世纪的社会情况会证明是不利于科学精神,即不带偏见地探索事实的精神的。我们会觉得,直到在 13 世纪开始出现的新社会条件(见下章)

① 罗杰·培根(Roger Bacon,约 1220—1292 年),是英国方济各会修士、哲学家、科学家和教育改革家,曾热心从事实验科学。1277—1279 年被方济各会监禁,主要因他有“标新立异之嫌”。——译者

达到一定成熟程度之前,科学复兴无论如何会被推迟。神学偏见主要是在中世纪已过去后通过其残余思想才伤害知识的。换句话说,在这方面,基督教造成的伤害,较少是由于古代和现代文明之间的黑暗时期施行的蒙昧主义政策,较多地是在科学不顾其阻挠已复兴且不再会被扼杀时期所施加的阻碍。

对巫术、魔法和恶魔的坚定信仰,是中世纪从古代传承下来的,但这时变得更加阴森可怕,把世界变成恐怖世界。人们相信,周围有许多魔鬼,随时趁机要伤害他们,瘟疫、暴风雨、日蚀月蚀和饥馑是魔鬼作祟;不过也坚信教会的宗教仪式能够战胜这些敌人。早期某些信奉基督教的皇帝们曾立法禁止魔法,但是直到 14 世纪之前也没有根除巫术的一贯做法。被称作黑死病的可怕的时疫,在那个世纪蹂躏了欧洲,似乎更加重了对那无形的恶魔世界的甩脱不掉的恐惧。审判巫术的案件倍增,三百年间,发现巫术和扑灭那些被控施巫术者,主要是妇女,成了欧洲文明的一个持久不变的特点。这种见解和迫害行动都是《圣经》所支持的。"你不得容许巫者存在"是最高权威的明白禁令。教皇英诺森八世颁布了关于此事的诏书(1484 年),他在书中断言,瘟疫和风暴是妖巫造成的,而最有才能的人因这些灾祸的魔鬼般力量的现实也相信了。

没有比迫害巫婆更悲惨的故事了,而最残忍的莫过于英格兰和苏格兰。我提到此事是因为这是神学教条的直接后果,也是因为,如我们以后看到的,正是理性主义才使这一段漫长的恐怖时期得以结束。

在这一时期,教会发挥了最大的影响,理性遭到基督教在人类思想周围筑起的牢狱禁锢。它实际上并非静止不动,但采取异端的形式活动;打个比喻说,那些打破锁链的人大部分未能爬出监狱的高墙;他们的自由仅能延伸到信仰所达到的范围,这些信仰像正统的观念一样,根据的是基督教神学。这个常规也有些例外的情况。12世纪末,人们开始感觉到一股来自另一世界的刺激力量。西方基督教有学识之士开始熟知亚里士多德的哲学;传授他们这些学说的是犹太人和伊斯兰教徒。伊斯兰教徒中有一定的自由思想,是从了解古希腊人的思辨中得到启发的。自由思想家阿威罗伊[①](12世纪)根据亚里士多德哲学所著的著作,在基督教各国掀起了理性主义的微波。阿威罗伊认为物质是永恒的并否认灵魂不灭;他的一般观点可称为泛神论。但为了设法避开与伊斯兰教正统权威的麻烦,他提出了双重真理的学说,这就是说有两个独立而又相矛盾的真理并存,一是哲学的真理,一是宗教的真理。这并没有使他免遭为西班牙哈里发宫廷放逐的命运。他在巴黎大学的讲学产生了一派自由思想家,他们认为,"上帝创造世界"、"复活"以及其他主要教条从宗教观点来说可能是真实的,但从理性观点来看是错误的。在一个头脑简单的人看来,很像是一个人说灵魂不灭的教义在星期天是正确的,但在平日就不对了,或《使徒信经》在画室里说是伪的,但在厨房里说是真的。这个危险的运动为教皇约翰十一世扑灭,留存的双重真理说也遭到谴责。阿威罗伊派及类似的思想传播,引出了意大利南部阿奎那的托马斯(1274年去世)的神学,托马斯是一位十分睿智的思想家,思想上自然也有怀

① 阿威罗伊(Averroes,1126—1198年),最重要的伊斯兰思想家之一,他将伊斯兰的传统学说和希腊哲学,特别是亚里士多德的哲学,融合成自身的思想体系。——译者

疑主义倾向。他把前此被视为不信神的带路人的亚里士多德归到正教一边,然后构造一套巧妙的基督教理论,至今在罗马教会中仍具有权威性。然而亚里士多德和理性是信仰的危险的同盟者,而托马斯的论文或许不是以问题的解答去平息一位宗教怀疑者的疑心,而是更为用心地以论文有力陈述的怀疑之处去动摇一颗信仰的心。

当时各地必定总有一些私底下和秘密的不信宗教者,但没有造成什么严重后果。13 世纪流行一种亵渎神圣的说法,说世界受了摩西、耶稣和穆罕默德三个骗子的欺骗。人们认为这是能自由思想的皇帝弗里德里希二世(1250 年去世)说的,他曾被描写为"第一位近代人"。至少同样古老的"三个戒指"的故事以较温和的方式表达了同样的思想。有一位伊斯兰教统治者想从一位犹太富商那里勒索钱财,把他召进宫,设下圈套。"我的朋友",他说,"我常听人说你是个非常聪明的人。因此,请你告诉我,犹太教、伊斯兰教和基督教这三种宗教中,你认为哪一种最纯正?"犹太人已看到为他设下的陷阱,作了下面的回答:"陛下,从前有一个富人,在他的财宝中有一枚非常宝贵的戒指,他希望这枚戒指像一件永恒的传家宝传给他的子孙后代。因此,他立了遗嘱说,无论哪个儿子,要是人们发现他拥有这枚戒指,就应视为他的继承人。那个得到他给的戒指的儿子也按他父亲同样的做法,把戒指一代一代传下去。最后拥有这枚戒指的人有三个儿子,他对他们同样喜爱的。他无法决定该把戒指留给谁,就对三人中每个人都许愿要把戒指给他,于是,为了使他们三人都满意,他找来一个金匠,叫他再做两枚戒指,与真戒指是如此十分相似,连他自己也区分不了。在他临

死时,给他们每个人一枚戒指,于是每个人都宣称是他的继承人,然而没有一个人能验证他的权利,于是官司一直打到今天。陛下,上帝赐给三个民族的三种宗教也正是这样。他们各自认为拥有真正的宗教,但到底哪个民族拥有真正的宗教是一个问题,像三个戒指的问题一样,至今仍未解决。"这个怀疑宗教真理的故事在18世纪很有名,德国诗人莱辛[①]曾根据这个故事写了《智者纳旦》的戏剧,意在表明褊狭不宽容的不合理性。

① 莱辛(Gotthold Ephraim Lessing,1729—1781年),德国文艺理论家、剧作家,其创作和学说对后世影响很大。主要著作有《拉奥孔,或绘画和诗的界限》、《汉堡剧评》、悲剧《萨拉·萨姆逊小姐》、喜剧《军人之福》等。——译者

第四章　解脱的希望（文艺复兴与宗教改革）

13 世纪在意大利开始了一场将驱散中世纪的黑暗，并为那些将最终把理性从牢笼中释放出来的人铺平道路的思想和社会的运动。那由轻信和幼稚天真交织成的、在人类心灵上的薄雾般的幕布开始揭开，它曾防止人们了解自己或是自己与世界的关系。个人开始感知他的单独的个性，意识到除了种族和国家之外，还有他自己作为一个人的价值（像古希腊罗马后期那样）；而他周围的世界也开始从中世纪梦幻的迷雾中显露出来。这个变化应归因于意大利一些小国的政治和社会情况，其中有些是共和政体，另一些是由专制君主统治。

面对这个逐渐显露的人类世界，个人如想利用它达到自己的目的，就需要一个向导，而这个向导是从希腊罗马古代文学中找到的。因此，迅速从意大利扩展到北欧的整个大转变，就被称作“文艺复兴”运动或古典时代文化风习的复活。然而对古典文学觉醒了的兴趣，固然使运动带有古典色彩的特点，并激发了那提供新理想、启示新观点的运动的成长，但只不过是精神变化的形式，这种精神变化开始在 14 世纪自己表达出来。可想而知，这种变化会采取另外某种形式。它的真正名字是“人文主义”。

那时候人们几乎没有觉察到正在过渡到一个新文明时代,而文艺复兴时代的文明也没有立即产生反对正统信仰的任何公开或普遍的思想叛乱。世界是逐渐地呈现出对中世纪正统派观念的教义有完全彻底的敌意的态势的;但是并没有爆发敌对行动;直到17世纪;宗教与当局之间才惯常发生战争。人文主义者并没有敌视神学权威或宗教教条的主张;但是他们流露出对于这个世界的一种纯粹人类的好奇心,并全神贯注于此。他们醉心于所谓充满有害细菌的异教徒文学;教育的非宗教性方面变得非常重要;人们把宗教及神学分隔开。有些好思考的人思想上已感觉到两者的这一矛盾,可能曾设法使旧宗教与新思想调和起来;但是文艺复兴时期思想家一般趋向是保持这两方面的区别,表面上的行为遵奉宗教教旨,但思想上没有任何真正的服从。

我可以举蒙田①(16世纪后半期)来说明文艺复兴时期的这种两面性。他的《随笔集》是支持理性主义的,但内容也往往包含有对正教的信仰表白,他是十分真诚信仰正教的。他并没有企图调和这两种观点;事实上他采取怀疑主义的立场,认为理性与宗教之间不存在沟通的桥梁。人类的智力在神学领域无能为力,同时必须置宗教高高在上,使理性达不到而且无法干涉;应谦逊地接受宗教。然而虽然他谦卑地接受了基督教,要是他出生在开罗,怀疑主义的理由会诱使他信仰伊斯兰教,他的灵魂并没有受基督教的支

① 米歇尔·埃康·德·蒙田(Montaigne,1533—1592年),文艺复兴时期法国人文主义者和随笔作家,因传播古希腊怀疑主义而颇有影响。——译者

配。是古代的哲学家和圣人如西塞罗、塞内加[1]和普鲁塔克[2]等塑造了并占据了他的头脑。当他研讨死亡问题时，他注意的不是基督教的慰藉，而是这些圣哲的观点。他目睹的法国的宗教战争和圣巴托罗缪节大屠杀[3]（1572 年）正好使他的怀疑主义更坚定。他说过，“由于个人的意见而焚烧这些人正是抬高这个人的意见的价值”，这句话表达了他对迫害的看法。

蒙田的怀疑主义的逻辑结论由他的朋友沙朗说明白了。沙朗在 1601 年出版了《论智慧》一书。书中教导人们说，真正的道德不是建立在宗教的基础上，作者在评述基督教历史时指出它已造成的一些弊病。谈到灵魂不灭，他说这是人们最普遍接受的教义，信仰它最有用，但人类理性却最无力证实它。不过在第二版中他修改了这一段及其余几段话。同时代一位耶稣会士把沙朗列入最危险和最邪恶的无神论者中。他实际上是一位自然神论者；但在那时候及以后很长一段时间，人们会毫不犹豫地把一个非基督教的自然神论者称作无神论者。如果不是有国王亨利四世支持他，他的书无疑会被禁止，其本人也会蒙受苦难。特别有意思的是，这把

① 塞内加（Seneca，约公元前 4—公元 65 年），罗马雄辩家、悲剧作家、哲学家、政治家。著作颇丰，所写的 9 部悲剧文学剧本对 16 世纪意大利文艺复兴时期的戏剧产生过很大影响。——译者

② 普鲁塔克（Plutarch，约公元 46—119 年后），罗马帝国时期的希腊作家。一生写了大量作品，以《希腊罗马名人传》流传最广。文艺复兴时期西欧不少大作家都受他的影响。——译者

③ 圣巴托罗缪节大屠杀：法国宗教战争期间，天主教派乘胡格诺派首领那瓦尔的亨利与国王之妹结婚之际，于 1572 年 8 月 23 日夜和 8 月 24 日在巴黎发动对胡格诺派新教徒的大屠杀，约 3000 人被杀。法国其他地区也发生类似事件，被杀者数万。因 8 月 24 日系圣巴托罗缪的节日，故名。——译者

我们直接从蒙田所代表的文艺复兴氛围转入一个理性主义多少采取积极行动的新时代。

人文主义在14、15和16世纪,首先在意大利,以后又在其他国家所起的作用是创造一种思想氛围,使理性解放得以开始,知识可以继续进步。这段时期已有印刷术的发明和地球上新的地区的发现,这些事物强有力地帮助了后来打败权威的运动。

但是自由的胜利还有赖于其他一些事项,并不是只靠智力就能实现的。这一时期的主要政治事件有教皇在欧洲权力的衰落,神圣罗马帝国的分崩离析,强大的君主国的崛起,在这些国家中,世俗的权益决定并主宰了教会的政策,近代国家也从中发展起来。宗教改革靠这些条件才可能取得成功。它在北德意志的胜利应归因于王公们的世俗权益,他们从没收教会土地中获得利益。在英格兰并没有民间运动;变革是由政府为了其本身的种种目的而推行的。

宗教改革的主要原因是教会普遍腐败及压迫人民的臭名声。长时期以来,教廷再没有什么崇高目的,只是一个利用其精神权威来谋取其俗世利益的世俗政权,完全受俗世利益的支配。欧洲各国根据这种看法来制定其外交政策。自14世纪以来,人人都认识到需要改革教会,教会也许诺过改革,但情况每况愈下,除了造反以外别无他法。路德领导的反叛并不是理性反抗教条的结果,而是由于教会敛财的种种方法,特别是出售赎罪券这一当时最著名的弊端而引起的广泛蔓延开的反教会情绪的结果。路德对教皇赎罪券理论的研究引领他走向神学异端。

说宗教改革建立了宗教自由和坚持一己之见的权利,这是一个根本性的误解，但是许多浮光掠影地阅读历史的人仍然持有这种看法。宗教改革所起的作用是形成一套新的政治的和社会的条件，在这些条件下，最终可以获得宗教自由，由于其内在的前后矛盾，造成了宗教改革领袖们见了都会发抖的意料不及的后果。而要对与己不同的教义采取宽容态度是宗教改革家们思想上根本没有考虑的事。他们用一种权威代替另一种权威。树立《圣经》的权威以取代教会的权威，但这是依照路德解释的《圣经》或依照加尔文解释的《圣经》。只要褊狭不宽容的精神继续存在，新教会与老教会之间几乎没有什么区别。宗教战争不是为了自由的事业，而是为了某个教派而战；而在法国，要是新教徒获得胜利，他们给予天主教徒的自由条件肯定不会比天主教徒给予他们的更多。

路德十分反对信仰和礼拜的自由，因为这是不符合他所理解的《圣经》的教义。当他处于担心他以及他那一派会成为牺牲者的恐惧中时，他会反对教会的强制措施并谴责焚烧异端分子的刑罚，但当他已平安无事且拥有权力后，就亮出自己真正的观点，即国家的职责强加给人民真正的教义并消灭可憎的异端，在宗教方面，同时也在其他事情上无限服从他们的王公是臣民的义务，国家的目的就是保卫信仰。他认为应该把再洗礼派处死。不论对于新教还是天主教都一样，唯有信基督教才得救的教条通向同一地方。

加尔文的褊狭不宽容的名声最坏。他不像路德那样拥护政权统治者的专制权力；他主张由教会来控制国家，即一般称作神权国家的政体；因而在日内瓦建立了一个神权国家。在这里自由被彻底扼杀；用监禁、放逐和处死的方法来扑灭异端邪说。对塞尔维图斯的惩治是加尔文反对异端的最著名的战绩。曾写了反对“三位一体”教条的文章的西班牙人塞尔维图斯被囚于里昂（部分是由于加尔文的诡计），在逃跑出来后轻率地来到日内瓦。他以异端罪名受到审判并被判处焚死（1553 年），尽管日内瓦对他并没有裁判权。制定迫害原则的梅兰希顿[①]称赞这一举动，认为可作为子孙后代不可忘记的范例。然而子孙后代终有一天会为这个范例感到羞愧。1903 年，日内瓦的加尔文派不得不立了一个补过赎罪的纪念碑，碑中为“我们伟大的宗教改革家”加尔文辩解说，他是犯了“属于他那个世纪”的罪过。

可见这些宗教改革家像他们所脱离的教会一样，根本不关心自由，只注意宗教“真理”问题。如果说中世纪的理想是把异端分子从世界上清除出去，那么，新教徒的目标是从他自己的土地上排除一切持不同意见者。把一般人民赶进一个羊栏，按照君主的命令接受信仰。这就是那调停信天主教的皇帝与德意志诸新教王公之间的斗争的宗教和约（1555 年）规定的原则。

美第奇的凯瑟琳[②]在屠杀法国新教徒时正是承认了这个原则，还对英国女王伊丽莎白表示，她也可以这样对待英格兰的天主教徒。

新教的教义也不代表开明、进步。欧洲大陆上的宗教改革运动像敌视自由一样敌视开明进步；而科学如果看起来与《圣经》有抵触，在路德那里也像在教皇那里一样毫无希望。《圣经》不论是

---

① 梅兰希顿（Melanchton，1497—1560 年），德国基督教新教神学家，路德的主要助手，路德死后成为路德宗的主要领导人。——译者

② 美第奇的凯瑟琳（Catherine de Mdici），法国亨利二世的王后。——译者

由新教徒解释的还是由罗马天主教解释的，对于巫师都同样是致命的。在德意志，学术的发展长时期受到阻滞。

不过宗教改革无意中帮助了自由的事业。这个结果是与宗教改革的领袖们的意向相违背的，是间接的，且姗姗来迟。首先，西欧基督教的大分裂，由许多神学权威取代了一个神学权威——我们可以说，由几个神取代了一个上帝——使教会权威普遍地遭到削弱。宗教传统被打破了。第二，在新教诸国中，教会最高权力归君主；而君主除了教会的利益外还要考虑到其他利益；政治上的理由迟早会迫使他修改教会的不宽容原则。天主教国家也同样地不得不放弃不容许异端分子存在的责任。法国的宗教战争以对新教徒有限的宽容政策结束。枢机主教黎歇留支持德意志新教徒的运动，他的政策说明世俗利益为何妨碍了信仰。

还有，坚持一己之见的权利，即宗教自由原则，曾是新教徒反叛正教之会的理智上的理由。然而，宗教改革者只是为了他们自己才提出这个主张，一俟他们拟定出自己的信仰条款，实际上就不承认这一原则了。这是新教徒立场观点中最显眼的前后矛盾之处；而被他们撇在一旁的这一主张并不能永远遭到压制。新教教义也再次建立在一个不牢靠的基础上，没有什么逻辑可为之辩护，并不可避免地从一个站不住脚的立场转到另一个站不住脚的立场。如果我们要根据权威信仰，那我们干吗要受路德的“奥格斯堡信纲”或英格兰的“三十九条信纲”的自命不凡的支配，而不信罗马教会的神圣权威呢？如果我们决定反对罗马天主教会，我们必须通过理性的方法来这么做；但是一旦我们在这件事情上运用理性，我们为什么要在路德或加尔文或任何其他反叛者止步不前的地方止步？除非我们以为其中有一个人得到神的启示。如果我们抵制他们抵制过的迷信，那么，除非他们运用权威阻止我们，没有什么可以阻止我们抵制他们所保留的全部或某些迷信。此外，他们对《圣经》的崇奉又助长了一些始料不及的结果。[①] 这些信条所依据的圣书成了自由阅读的书，公众对它集中的注意力是前所未有的，虽然在 19 世纪以前，还不能说已普遍读过了。研读引起了评论、考证，人们觉察到有关神启的教条的一些难解之点，《圣经》最终受到无情的剖析，这最少改变了在知识分子信仰者眼中的权威的性质。对《圣经》的评论剖析过程主要是在一个新教的环境气氛中进行的，而宗教改革给《圣经》所确定的新地位也有部分关系。从这些方面看，新教成了通向理性主义的垫脚石，从而对思想自由运动起了作用。

无论如何，思想自由运动受到一派宗教改革者的强有力的直接推动，这一派在所有其他各派眼中是亵渎神圣者，大多数人在谈到宗教改革时也从未想到他们。我指的是索齐尼派[②]。有关他们的深远影响我们将在下一章中略谈一些。

我们还应提到宗教改革的另一个后果，即它对罗马天主教会所起的革新影响，罗马教会此时正在为其生存而战斗。从保罗三世（1534 年）起，有好几位新教皇认真对待宗教事业，经过不止一

① 然而在德意志，人们感觉到这种危险，17 世纪时，德意志的大学里不鼓励研读《圣经》。

② 索齐尼派，一译作苏西尼派（Socinians），由意大利人索齐尼（Zozzini，一般称作 Socinus，1525—1562 年）创立，反对三位一体教义和基督具有神性的说法。主张用理智来解释超自然的启示。——译者

个世纪的斗争，重组了教廷及其财源。设立耶稣会、在罗马建立宗教法庭、举行特伦特宗教会议、检查出版物(《禁书目录》)等都是这种新精神的表现，也是对付新形势的手段。经过改革的教廷对于信仰正教教会的人们是幸运的事，但我们在这里所关注的是，它的主要目的之一是更有效地压制思想自由。萨沃那罗拉[①]因在佛罗伦萨宣讲正确的生活而被教皇亚历山大六世处死(1498 年)，这位教皇是一位臭名昭著的恣意挥霍者。要是萨沃那罗拉生活在新时代，他也许会被追认为圣徒，然而焦尔达诺·布鲁诺又被焚了。

焦尔达诺·布鲁诺部分是根据伊壁鸠鲁的学说，创立了一种宗教哲学，他接受了伊壁鸠鲁的宇宙无穷大的理论。但是由于上帝是物质的灵魂的教义，伊壁鸠鲁的唯物主义变成了泛神论的神秘主义。哥白尼新近发现了地球绕太阳转的现象，天主教和新教都不能接受，布鲁诺接受了，并进一步把许多恒星看成许多太阳，每一个恒星都有许多看不见的卫星。他设法理解《圣经》，认为它是为粗俗大众而写的，所以不得不顺应他们的偏见。因为被怀疑为异端，他离开意大利，辗转居住在瑞士、法国、英国和德意志，1592 年，他受一位虚伪的朋友诱使回到威尼斯，被宗教法庭逮捕。布鲁诺最后在罗马被判处死刑，在费奥里广场被焚(1600 年)，现今那里竖立了一座纪念他的纪念碑，是若干年前建立的，使罗马教会极为懊恼。

① 萨沃那罗拉(Girolamo Savonarola，1452—1498 年)，意大利宗教改革家，在布道时抨击教皇和教会腐败、揭露美第奇家族的残暴统治，反对富人的骄奢淫逸。曾领导起义，进行改革。1498 年被教皇判刑烧死。——译者

对布鲁诺的命运人们都很了解,因为他是一位世界名人。没有哪个国家像意大利那样有如此卓著的一位时代牺牲者为人们所纪念,但在别的国家也有为异端言论而无辜流血者。直到1660年前后,法国在亨利四世和枢机主教黎歇留和马扎然①的较为宽容的政府统治下,比其他地方有较多的自由。但是鲁齐里奥·瓦尼尼,一位像布鲁诺那样的意大利学者,当时在欧洲游历,却在图卢兹(1619年)被判犯有无神论和渎神罪,舌头被撕掉,人被烧死。在伊丽莎白女王和詹姆斯一世治下的信奉新教的英格兰,也不比罗马宗教法庭落后,但由于牺牲者系无名之辈,这个国家对信仰的热情被不适当地忘却了。然而,要不是一个偶然事故,英国也许会具有处死一个声名不亚于焦尔达诺·布鲁诺的异端分子的荣耀。诗人马洛被控为无神论者,可是当正对他进行起诉时,他在酒馆里一场没意思的争吵中被杀害了(1593年)。另一位剧作家基德受这一指控的牵连被酷刑拷问。同时,沃尔特·雷利爵士因不信教被控,但没有被判罪。其他人可没有这么幸运。在伊丽莎白在位期间,有三四个人因不信奉基督教教义而在诺里奇被焚,其中弗朗西斯·凯特是剑桥大学基督圣体学院的研究员。詹姆斯一世本人就对这类事情感兴趣,在他治下,巴塞洛缪·莱盖特被控发表了持有许多对社会有害的言论。国王把他召来,并问他是否天天祷告耶稣基督。莱盖特答道,在他还愚昧无知时曾向基督祈祷过,但最

① 马扎然(Jules Mazarin,1602—1661年),原籍意大利,枢机主教,曾任法国首相(1643—1661年),受宠于摄政王安娜,镇压投石党起义和其他民众运动,巩固专制王权,加强了法国在欧洲的地位。——译者

近七年没做祷告。詹姆斯一脚把他踢开，说："滚，下贱的东西，以后绝不许说有一个连着七年未向我们的救世主祈祷的人在我的宫里待过。"莱盖特在纽盖特被监禁了一段时间之后，被宣布为不可救药的异端分子，在史密斯菲尔德被焚（1611 年）。一个月后，一个叫怀特曼的人被考文垂主教宣布犯有异端邪说罪，在利奇菲尔德被焚。可能这两次判处焚烧事件震动了舆论。这成了英国处死不信仰基督教者最后的案件。清教徒的褊狭态度确曾在 1648 年通过一项法令，规定凡否认三位一体、基督神性、《圣经》启示或一个未来的清教国家者应处死刑，而犯其他异端罪者判监禁。但这项法令并没有执行过。

文艺复兴时代呈现出近代科学开端的最初朕兆，但是直到 17 世纪，中世纪反对研究自然的偏见才消散，而在意大利则要继续到很晚的时期。近代天文学史始于 1543 年，哥白尼揭示地动的真相的著作在这一年出版。在自由思想史上，这部著作的出现是很重要的，因为它提出了科学与《圣经》之间的一个明确的争端；负责编辑出版此书的奥西安德（哥白尼这一年去世），因预见到会引起激烈反对，在序言中伪称地动说只是作为一个伪设提出来的。这一理论遭到天主教徒和宗教改革者的声讨，也没有使某些不受神学偏见影响的人（如培根）信服。意大利天文学家伽利略的观察证明哥白尼的理论毫无问题。他用望远镜发现木星的一些卫星，对太阳黑点的观察证实了地球自转说，在佛罗伦萨，他生活在大公的庇护下，但他轰动一时的一些发现却在教士中受到谴责。"伽利利的人们，你们为什么要站着注视天空？"于是他被两个多明我会修士告到宗教法庭。得悉罗马正在研讨他的一些研究，伽利略也跑到罗马去,自信能够使教会当局相信哥白尼的显而易见的真理。他并没有认识到神学会做出什么。1616 年 2 月,宗教法庭做出裁决,哥白尼理论体系本身是荒谬的,对于《圣经》来说是异端邪说。按照教皇的指示,枢机主教贝拉明(Bellarvnin)召见伽利略并正式告诫他,放弃他的意见,停止宣讲,否则宗教法庭要起诉他。伽利略答应服从。哥白尼的书被列入《禁书目录》。他们注意到,伽利略的论"太阳黑子"的书未提及《圣经》,因而宗教法庭在其判决中谈到那本书时没有把它当作一个神学问题,只看作是个科学问题而通过裁判了。

伽利略沉默了一段时间,但他不可能永远缄默不言。新教皇(乌尔班八世)即位,他企望能得到较大的自由,而这时教廷圈子里有很多人对他也有好感。他希望通过设法把新老两种理论的论点相提并论,并装作不在二者之中做出判断来避免争论。他以"对话"的形式撰写了关于两种世界体系(托勒密体系与哥白尼体系)的论著,在序言中宣称目的在于说明对这两种观点的赞成或反对的意见。然而这部著作的精神是哥白尼的精神。他从里卡尔迪神父(教廷主管)处获准(如他所认为的是十分明确的意思)出版,就在 1632 年出版了。然而教皇不赞成此书,书交给一个委员会审查,而伽利略则被召到宗教法庭受审。这时他年老多病,不得不忍受的屈辱是一个悲痛的故事。要不是法庭的一个成员是位受过科学训练的人(马科兰诺,一位多明我会修士),能够理解他的才能,他可能还要受到更严厉的处置。受审查时,伽利略否认在《对话》中赞同地动说,并断言他曾表明哥白尼的推理是不充分的。这个辩护与他在序言中的说法相符,但却与他内心深处的坚定信念相

矛盾。在与这样一种法庭作斗争中，这是一个并非英雄的人所能采取的唯一办法。在后来一次开庭期间，他迫不得已，不光彩地承认，某些为哥白尼辩解的论点立论过分，宣称他自己准备驳斥这一理论。在最后一次受审时，他受到酷刑的威胁。他说，在 1616 年教令颁布以前，他曾认为哥白尼的体系的真理是可以论证的；但自法令颁布后，他认为托勒密的体系是正确的。次日，他当众发誓弃绝他曾证明过的那一科学真理。他获准退居乡间，条件是不准与任何人接触。在生命的最后几个月里，他给一位朋友写了封信，大意是说："哥白尼体系的荒谬是毋庸置疑的，对我们天主教徒来说尤其是如此。《圣经》无可争辩的权威已驳倒了它。上帝的全能可以以无数不同方式运作，这个颠扑不破的论点把哥白尼及其信徒们的猜想通通消除掉了。如果我们在观察中发现某种事物偶尔以一种特殊方式出现，我们绝不应削弱上帝的权力而去支持一种我们会被欺骗的事物。"历史的讽刺是显而易见的。

直到 18 世纪中叶以后，罗马天主教会才允许宣讲太阳中心说，而伽利略的著作一直到 1835 年还保留在《禁书目录》上。这种禁令阻碍了意大利对自然科学的研究。

罗马的《禁书目录》使我们想起印刷术的发明在争取思想自由的斗争中的重要作用，这使得更广泛而深远地传播新思想观念变得容易了。当政者很快就认识到这个危险，采取措施来约束这一新发明，因为它有成为理性的强有力的同盟的危险。教皇亚历山大六世通过颁布禁止未经许可的印刷品出版的诏书（1501 年）而成为对出版物的检查制度的始作俑者。在法国，国王亨利二世下令，未经官方批准而进行印刷出版可处死刑。在德意志，1529 年开始建立出版物检查制度。在英格兰,在伊丽莎白一世女王在位时期,没有许可证,书籍不得印刷;除了伦敦、牛津和剑桥三地外,其他地方不得办印刷出版业;对出版物的管理之权属于星室法院(Star Chamber)[①]。在19世纪之前,没有任何一个地方的印刷出版真正变成自由的。

虽然宗教改革和革新的罗马天主教会意味着一种对文艺复兴的反动,但是文艺复兴所显示的一些重大变化,如个人主义,对世界的一种新的理性看法,对世俗知识的教化培养,这些都是持久的,并且命定要在天主教的和新教的势力可相媲比的不宽容政策中通向自由的目标。我们将看到,理性和知识的成长发展为何削弱了神学权威的基础。在这一过程的每一步,哲学的思索、历史的批评和自然科学都参加了进来,理性与信仰之间的对立加深;人们明显或模糊的怀疑心增加了;得之于人文主义者的现世主义,统统还包含有潜在的或有意识的怀疑主义,以对人类在现世的命运的关注取代了对一个未来世界的关注。随着思想这一稳步前进的情况,宽容思想获得进展,更多的人为争取思想自由而斗争,政治环境的力量也迫使各国政府通过采取减轻对基督教其他教派的压制的措施来缓和他们坚持单一宗教教义的政策,而排外的原则也被俗世的权宜思想打破了。宗教自由是迈向取得言论完全自由的重要一步。

① 星室法院是英国中世纪代表国王行使传统的司法权的机构。——译者

第五章　宗教宽容

公元前3世纪，印度国阿育王①，这位充满宗教热诚而又具有宽容精神的人，面对两个敌对宗教（婆罗门教与佛教）的斗争，决定使二者在他的国土上都同样享有特权和受到尊敬。他关于这个问题的法令作为现存最早的宽容敕令而闻名于世。在欧洲，如我们前面所见到的，宽容的原则首次明确表达是在罗马帝国一些终止迫害基督教徒的敕令中。

16世纪的宗教斗争以其近代的方式提出了这个问题，有好几代人之久，这成了政治家们的一个主要难题和一些无休止地进行争论的小册子的题目。宽容意指不完全的宗教自由，有各种不同程度的宽容政策。它可能是给予某些基督教教派的；可能是给予基督教各教派的，但只限于这些教派；可能是给予各种宗教的，但不给予自由思想家，或可能是给予自然神论者，但不给予无神论者。这可能指特许某些公民权利，但不是其他权利；它可能指不准那些受到宽容者担任公职或从事某些专门职业。西方各国现今所享受的宗教自由，是经过许多不同阶段的宽容政策获得的。

---

① 阿育王（Asoka，？—公元前238年），古印度孔雀王朝皇帝。即位之初大肆扩张领土，后因不堪忍受战争给邻国人民带来的痛苦而不再征讨，并皈依佛教。尊重一切教派，允许他们按其信仰行事。在其大力提倡下，佛教普及到整个印度，并开始传至国外。——译者

近代的宽容原则应归功于意大利一群宗教改革者，他们否定三位一体的教义，是上帝一位论的创立者。当时宗教改革运动已传播到意大利，但是罗马教会成功地予以镇压，许多异端分子逃到瑞士去。这个反对三位一体论的团体受到加尔文的不宽容政策的逼迫而逃到特兰西瓦尼亚和波兰，并在那里宣讲他们的教义。上帝一位论的信条是福斯托·索齐尼（一般称作索西努）制定的，在他这个教派的教义问答集（1574 年）里，迫害政策受到谴责。批判为了宗教的利益使用暴力是索齐尼派教义一个结论。与路德和加尔文不同，就索齐尼派来说，他们给予人们充分的自由去以一己之见解释《圣经》，认为把索齐尼派教义强加于人是与他们的原则相矛盾的。换句话说，其中有三位一体论教派所缺乏的强烈的理性主义成分。

正是在索齐尼派精神影响下，萨瓦的卡斯特利翁在一本谴责焚死塞尔维图斯的小册子中吹响了宽容的号角，从而遭到加尔文深恶痛绝的仇恨。他坚持认为谬见无罪，并嘲笑教会对诸如命定论和三位一体说这类暧昧不明的问题所赋予的重要性。“讨论戒律与福音、无故赦罪或受诋毁的正直行为之间的不同，就像一个人要讨论一位王子是骑马还是坐马车来的，或是他穿的衣服是白的还是红的一样。”如果迫害是宗教的必要部分，那么宗教就是一种祸害。

索齐尼派及那些受他们影响来归附他们的人，当时被从波兰逐出并转入德意志和荷兰，长时期以来是主张宽容的唯一教派。荷兰归正宗中的再洗礼派和阿米尼乌派从他们那里吸纳了宽容的主张。英国公理会的创立者在荷兰学到了信仰自由原则，这一派

(以独立派的名义)在英国内战及共和国时期历史上起过重大作用。

索齐尼认为,不必废除国教也可实现这一原则。他深思熟虑地要在国家与主要的教会之间的密切的联盟之外兼施对其他教派完全宽容的政策。正是在这种制度(被称作管辖权制度,jurisdictional)下,欧洲各国实现了宗教自由。但是还有另一种更简单的方法,即教会与国家分离并使各种宗派都处于平等地位的方法。这是再洗礼派更喜欢的解决办法。他们憎恶政府,宗教自由学说在他们看来也没有什么价值。他们的理想制度是一个再洗礼派神权政体;政教分离是一项好的办法。

在欧洲,公众舆论还没有成熟到接受政教分离的程度,因为那些十分强大的宗教团体都视宗教宽容是对宗教冷淡的邪恶态度。但是在17世纪,在大西洋彼岸新世界的一个小角落里,却开始实行了这种主张。因英格兰教会和国家的不宽容政策而逃离并在新英格兰建立殖民地的清教徒,自己也同样褊狭不宽容,不仅对于圣公会和天主教的教徒不宽容,而且对浸礼会和贵格会教徒也如此。他们建立了神权政治的政府,所有不属于他们自己教派的人都被驱赶出去。罗杰·威廉斯曾从荷兰的阿米尼乌派吸收了政教分离的思想。由于这一异端思想,他被赶出马萨诸塞,就把普罗维登斯建立成一个受到清教徒迫害者的避难所。他在这里制定了一部民主宪法,其中规定地方官员只有权处理民事行政问题,不能干涉宗教。在罗德岛上又迅速建立了其他一些城镇,查尔斯二世的一份特诉状(1663年)认可了这一宪法,它向所有信仰基督教的公民保证,不论信仰哪一派,都充分享有政治权利。非基督教徒也得到宽容，但不承认其拥有基督教徒的政治权利。就此而言，这个新国家还没有达到完全的自由。尽管如此，犹太教徒很快被容许拥有充分的公民权利与义务的事实表明，这里的环境多么自由。光荣属于罗杰·威廉斯，他建立了第一个真正宽容的近代国家，而且是建立在使宗教事务完全不受政府行政支配的原则的基础上。

宽容的政策也在马里兰罗马天主教殖民地实施起来，不过采取了不同方式来实施。受巴尔的摩勋爵的影响，1649 年通过了一项以第一道法令著称的宽容法令，这是由一个立法议会投票通过的，赋予所有基督教徒以完全的自由。没有一个在宗教方面表明信仰基督的人会受到折磨。但是对于越过这个范围以外的人，压在头上的法律就很重了。任何人如亵渎上帝或攻击三位一体或三位一体的任何一位都有被处死刑的危险。马里兰的宽容政策吸引了很多新教移民从弗吉尼亚迁来，所以新教徒变成了多数了，一旦取得了政治上的优势，他们就提出一项法令（1654 年），把罗马天主教徒和信奉主教制者排除在宽容政策之外。巴尔的摩的法则在 1660 年后得到了恢复，原有的宗教自由也恢复了，但随着威廉三世即位，新教教徒重掌政权，天主教徒在马里兰建立的宽容制度终止了。

我们可以看到，在这两种情况中，自由都是不完全的；不过罗德岛的自由大一些和更重要些，因为它基本上是从索齐尼的教义引申出来的。[①] 当这些殖民地脱离英国独立后，他们制定的联邦宪法是绝对世俗的宪法，至于是否采取政教分离，则由各州自己决

---

① 完全的宽容政策是由佩恩于 1682 年在宾夕法尼亚的贵格会殖民地上建立的。

定(1789 年)。如果说政教分离变成了美国的法则,那多半是由于事实上如果根据其他任何制度,政府都会觉得很难强求各教派互相宽容。必须补充说明一下,在马里兰和少数南方的州,无神论者仍由于政治上无资格而受苦。

在英格兰,要是独立派能够为所欲为,在共和时代本会试验实行政教分离。但是这种政策被克伦威尔否决了。新的国教会包括长老会、独立派和浸礼会,但除了罗马天主教和圣公会外,给予所有的基督教教派以礼拜的自由。如果议会有权力,这种宽容政策就会是有名无实的。因为长老会视宽容政策如同魔鬼作祟,要是能够做到的话,他们就要迫害独立派。但是在克伦威尔的独裁统治下,甚至圣公会教徒也能平安度日,宽容政策还延及犹太教徒。在那时候,各地均发出根据一般理由主张宽容的呼声。诗人密尔顿是最著名的提倡者,他赞成教会与国家分离。

在密尔顿的《论出版自由》(*Areopagitica: a speech for the liberty of unlicensed printing*,1644 年)一书中,出版自由得到他很多论证的富有说服力的支持,这些论证对于争取一般的思想自由也是很有力的。文中表明,书刊检查制度将导致"一切学术研究受挫并阻滞真理,不仅使我们在已知领域中的才能不能适用并遭到削弱,而且阻挠和去除不放不论在宗教的还是在非宗教的学识上仍会做出的进一步的发现"。因为知识通过新见解的发表才能提高,而真理是靠自由讨论发现的。如果真理的长河"不能在不断前进中川流不息,那就会腐臭,变成顺从和传统的泥潭"。正如培根所说,"那些检查官准许出版的书,往往'只成了当时的语言'",对进步没什么帮助。那些检查制度很严厉的国家的样板并不能说明这对道德品行有益："仔细看看意大利和西班牙，自从对书籍施行种种严酷的检查后，那些地方的人有没有一丝半点变得更好、更正直、更聪明、更纯洁呢？"西班牙的确可以回答说，"更重要的是，我们更正统了。"值得注意的是，密尔顿把思想自由置于公民自由之上："给我凭良心去了解、表达和自由辩论的自由，这是在其他一切自由之上的自由。"

随着君主制和圣公会的复辟，宗教自由被一系列压制不信奉国教者的法律废除了。英格兰现在享有的宗教自由是得之于"宽容法令"(1689 年)，这应归功于 1688 年的光荣革命。它给予长老会、公理会、浸礼会和贵格会以礼拜自由，但只给予这些教派，天主教徒和上帝一位论派明确不包括在内，而查理二世压制他们的立法依然有效。把宽容政策与不宽容政策混合在一起，逻辑上是自相矛盾和荒谬的，这真是具有英国特色的措施，但适合当时的环境和公共舆论的态势。

同年，约翰·洛克用拉丁文发表了著名的《论宽容的信札》(第一封)。随后三封信展开和说明了他的命题。主要论点所根据的原则是，政府的职责与宗教的职责是完全不同的，国家是一个只是为维护和促进其成员的世俗利益而组成的社会，世俗利益指的是生活、自由、健康和拥有财产。地方长官同其他人一样并不负有照顾心灵的责任。因为地方长官只能使用外在的武力，而真正的宗教意味着内在的思想劝导，思想的性质不是武力能强迫其信仰什么的。所以一个国家立法去强制推行一种宗教也是很荒谬的，因为法律如果没有惩罚就无效，而惩罚是不恰当的，因为这样做不能使人信服。

而且，即使惩罚能改变人们的信仰，这也不能导致灵魂得救。要是所有的人都盲目服从统治者的意志并接受本国的宗教，会有更多的人得救吗？因为世界各国君主信仰的宗教不同，如果只有一国的宗教是正确的，那么世界其余各国人民就会跟随其君主走向毁灭了；“这更显得荒唐可笑，而且非常不符合神意，人们将得到永恒的幸福还是持久的苦难，竟要视他们出生的地方而定。”这是洛克反复强调的一个原则。如果一国证明其强制推行一种宗教教义是正确的，那么除了这一个或少数几个普遍信仰正确的宗教的国家外，所有其他国家的臣民就有义务去拥护一个虚假的宗教。如果新教得以在英国发扬光大，那么罗马天主教义也同样可以在法国推行。“在英格兰将是正确和良好的事物，在罗马、在中国或日内瓦也将是正确和良好的。”宽容是一个使真正的宗教具有最好的传播机会的原则。

洛克也会给予偶像崇拜者——他指的是北美印第安人——以充分的自由，他对于教会热衷于迫使这些“无辜的异教徒”放弃他们古老的宗教信仰的做法提出了一些严厉批评。不过，尽管他的宽容思想已延及基督教范围以外，但仍然是不全面的。首先，他把罗马天主教徒排除在外，不是因为他们所信的神学教条，而是由于他们“告诫人们说，信仰是不能与异端分子共处的”。他认为“那些被革除教籍的国王们也就丧失了王冠和王国”，因为他们把自由交付给一个外国君主——教皇的保护并为之效劳。换句话说，他们在政治处境上是很危险的。其次，他把无神论者除外，“那些否认上帝存在的人是完全不能受到宽容的。许诺、誓约和宣誓是人类社会的契约义务，但不能对无神论者有约束力。取消上帝，尽管是在思想上取消，就会瓦解一切。此外，那些以他们的无神论来削弱和破坏一切宗教的人，也不能有什么宗教上的借口来要求得到宽容的权利。”

看来洛克还没有摆脱他那个时代的偏见。“许多事情必须受非人类能力所能履行的法则约束是很荒谬的。而且我们并不是根据自己的意志去相信某种事是真的。”他提出的这些例外情况是与他自己的这一原则相矛盾的。这既适用于天主教或新教，也适用于无神论者和自然神论者。不过洛克或许认为当时还不多见的无神论的思辨见解就是根据个人意志想出来的。他或许会把同时代的伟大哲学家斯宾诺莎逐出本国。

洛克的《论宽容》尽管有其局限性，但仍是具有极高价值的著作，它的论点引领我们比作者走得更远。它不受约束地维护世俗原则，其必然的结果就是使教会与国家分离。一个教会只是一个“自由地和自愿结成的团体”。我们还可注意到他说的下面的话：如果要用武力来强迫异教徒改宗信仰，那么上帝“用天兵天将较之无论如何强有力的教会子民用他全部龙骑兵”去做此事要容易些。这是一个类似提比略皇帝说过的箴言〔见前第 41 页［原书页码。——译者］〕的一种文雅的说法。如果说异端邪说冒犯了上帝，那么该怎么处理，的确是上帝的事。

对不信奉国教者的宽容政策使圣公会派极端分子大为不悦，在 18 世纪初期，这一派的势力威胁着反对国教者的信仰自由。这种情况激发了热诚而不信奉国教的笛福写出了《处理不信奉国教者的捷径》(1702 年)的小册子，这是对宽容原则的一个反嘲。文中伪称反对国教者从内心来说是不可救药的背叛者，用温和的政策是无效的,建议将参加宗教秘密集会的传教士处以绞刑,把所有参加这类集会的人驱逐出境。这本针对圣公会高教会派看法的极其有趣但十分认真的讽刺性小册子,最初甚至连不信奉国教者自己也误解了并感到震惊。不过高教会派十分愤怒。笛福被处以罚金,并三次被上了颈手枷示众,还被投进了纽盖特监狱。

但是托利党的反动只是一时的现象。18 世纪期间,在基督教各教派之间已普遍具有相对宽容的精神,一些新的教派成立了。国教会已变得不那么狂热,它的许多主要圣职人员也受到理性主义思想的影响。如果不是英王乔治三世的反对,天主教徒在 18 世纪末就会摆脱其受限制的状况。这一为柏克[①]富有说服力地倡导并且也是皮特[②]所希望的步骤,直至 1829 年才实现,接着又受到爱尔兰革命的威胁。同时,在 1813 年在法律上给予了上帝一位论者宽容对待,但他们直到 40 年代才摆脱了所有受限制状况。犹太教徒直到 1858 年才被容许享有充分的公民权。

英国在 19 世纪取得宗教自由的成就主要是自由党人的功劳。自由党当时正逐步朝完全世俗化和教会与国家分离这个最终目标走去,这是洛克关于政府的学说的必然结果。1869 年爱尔兰使教会与国家分离部分地实现了这一理想;后来又经过四十多年,自由党这时正设法在威尔士实施这一原则。变革应一点一点逐步实行是十分独特的英国政治和英国人心理的特点。在大英帝国的其他

---

① 柏克(Edmund Burke,1729—1797),英国政治家、作家、演说家,著有《法国大革命反思录》,是保守主义代表人物。——译者

② 皮特(William Pitt,the Younger,1759—1806),英国政治家、演说家,年仅 24 岁时担任首相,是英国历史最年轻的首相。——译者

国家，政教分离制度都普遍实行了；国家与任何教派都没有关联；教会只是一个自愿组成的团体。但是世俗化是在国教制度下推进的。只要提起1870年的教育法案和废除大学中的宗教考试法（1871年）就足以说明问题了。在谈理性主义的进步的一章中我会谈到争取自由的其他收获。

如果我们把法国17世纪与18世纪的宗教情况作一比较，就会看出与英国的发展形成鲜明的对比，英国正大踏步地向宗教自由迈进，法国则正在倒退。在1676年之前，法国新教（胡格诺派）是一直受到宽容的；在以后百年中他们的自由被取缔了。而给他们的特许状（南特敕令，1598年）向他们保证的宽容政策也是很有限的。例如，他们不能参加军队；不能居住在巴黎以及其他城市和地区。他们所享有的自由也只限于给他们，并不给予其他教派。这个特许状得到了在路易十三和路易十四时治理法国的两位伟大的枢机主教（黎歇留和马扎然）的忠实维持，但到了1661年路易十四掌握实权后，他开始实施一系列反对新教的法律，最终导致废除这个特许状（1676年），并开始对新教徒进行新一轮的迫害。

法国的教士用臭名昭著的经文“强迫他们进来”（Compel them to Come in）并诉诸于圣奥古斯丁的话来为这一政策辩护。为了反驳他们的论点，在荷兰避难的法国新教教徒培尔[①]发表了一篇为宽容思想辩护的文章。文章的标题是《关于“强迫他们进来”的经文的哲学评论》（1686年），其重要性可与洛克在同一时期

① 培尔（Pierre Bayle，1647—1706年），法国哲学家，启蒙运动早期代表，用怀疑论批驳从理性上论证宗教教义的哲学体系。主要著作为《历史批判辞典》。——译者

发表的著作相比。这两位作者强调的许多论据都是一样的。他们以同样的理由一致排斥罗马天主教。培尔的论文最具特色的是他的怀疑主义论点,他认为即使用强力去禁止谬说是一个正确的原则,但是没有什么真理十分肯定到足以证明我们应用这一理论是正确的。我们将在下一章中谈到这位卓越的学者对理性主义的贡献。

尽管有大批新教徒离开了法国,但路易十四一心要从他的国土上根除异端的意图并没有成功。18 世纪路易十五在位时期,新教徒虽然不受法律保护,婚姻不能被承认是合法的,而且随时会遭受迫害,但他们的存在得到容忍。约在 18 世纪中叶,主要由理性主义者领导的一场关于减轻这个被镇压的教派苦难的热烈文字讨论开始了。这一讨论最后也得到了开明的天主教徒的支持,终于导致颁布了“宽容敕令”(1787 年),这一敕令使新教徒的处境变得可以忍受了,虽然他们不得从事某些职业。

这场反对对新教徒不宽容的运动的最积极和有影响的领袖是伏尔泰(见下一章),他对某些著名的不公正的迫害案件的揭露在达到目的方面所起的作用胜过一般的论辩。让·卡拉斯案是最臭名昭著的案件,卡拉斯是图卢兹一位新教徒商人,他的儿子自杀了。传闻说,这个年轻人决定加入天主教会,而他的充满新教徒偏执情绪的父亲、母亲和兄弟,在一个朋友的帮助下把他杀死了。他们都被上了脚镣手铐,受到审判和谴责,尽管除了说他们有新教徒偏执情绪的推测外,对于他们的罪行并无证据。让·卡拉斯被车裂而死,他的儿子和女儿被扔进修道院,妻子则在挨饿。通过这时住在日内瓦附近的伏尔泰的活动,这位寡妇被领到了巴黎,在那里受到亲切的接待,得到杰出的律师的帮助;法院进行了司法调查,图卢兹的判决被推翻了，国王赐给那些蒙受苦难的人抚恤金。按伏尔泰的看法，这种丢脸的事件只可能发生在外省。他说："在巴黎，宗教狂热尽管可能很厉害，但总是受到理性的控制。"

西尔旺的案件情况类似，虽然结果不那么悲惨，对此事负有责任的又是图卢兹政府。西尔旺被控为阻止他的女儿成为天主教徒使她溺死井中，结果与其妻同被判处死刑。幸亏他和家人逃到瑞士，在那里向伏尔泰诉说他的无辜，花了几年的工夫，才推翻了原判，这次是在图卢兹翻的案。当伏尔泰 1778 年访问巴黎时，群众向他欢呼，称他是"卡拉斯和西尔旺的辩护者"。他为反对迫害而进行的无私的实际行动远比他联系到卡拉斯事件而写的《论宽容》的论文更有价值。较之洛克和培尔的论著，这是一篇蹩脚的文章。他所主张的宽容政策是一种很有限的宽容；他希望担任公职和高官的仅限于国立教会（即天主教）教徒。

但是如果说伏尔泰的宽容制度是有限的，比起他的同时代人卢梭所主张的宗教体制来说却是开通的了。卢梭虽然出生于瑞士，但属于法国文学和历史上的人物。在加尔文的日内瓦传统的环境中长大对他不无影响。他的理想国家，就其本身来说比任何神权政体好不了什么。他提出要建立一种世俗的宗教，一种非教条的基督教。但某些他认为很重要的教条则要强迫全体公民接受，违者放逐。这些教条就是一位神的存在，善良者将来无上幸福而坏人必受惩罚，对所有接受宗教信仰的基本条文者有宽容对待的义务。可以说，建立在这一基础上的国家，范围将是十分广泛的，所有的基督教教派和许多自然神论者都可以在其中找到立足之地。但由于强迫接受不可或缺的信条，就否定了宽容原则了。卢梭思想的重要性在于启发了法国大革命期间在宗教政策方面所做的一种实验。

法国大革命在法国建立了宗教自由制度。大多数革命领袖是非正统的。他们的理性主义自然是属于18世纪类型，在《人权和公民权宣言》(1789年)的序言中，以“在上帝的存在和保护下”的话肯定了自然神论(只有一人提出反对意见)。宣言确定任何人只要不因宗教见解妨碍公共秩序，就不会因其宗教见解而受到干扰。天主教保持作为“居支配地位的”宗教；新教徒(但不是犹太教徒)获准担任公职。当时最伟大的政治家米拉波[①]强烈反对用“宽容”和“居支配地位的”这样一些字眼。他说：“在我眼中，最无限的宗教自由是一种如此神圣的权利，如用宽容的字眼来表达在我看来无异是一种专制政治，因为可能施行宽容政策的当局也可能施行不宽容的政策。”托马斯·潘恩[②]在两年以后发表的《论人权》一文中也表达了同样的反对意见：“宽容并不是不宽容的对立面，而是不宽容的伪装。两者都是专制政治。一个自认为有权压制信仰自由，另一个则认为有权给予别人信仰自由。”潘恩是一位热情的自然神论者，他又补充说：“要是在什么议会中提出一个议案，题目是‘一项宽容或给予全能的上帝接受一个犹太人或一个土耳其人崇

① 米拉波(Honoré-Gabriel Riqueti，count de Mirabeau，1754—1792)，法国政治家，著有《何为第三等级？》——译者

② 托马斯·潘恩(Thomas Paine，1737—1809)，英国思想家、政治活动家。主张美国独立，支持法国革命，其著作《常识》、《人权》和《理性时代》产生了深远的影响。——译者

拜的自由的法令'，或是'禁止全能的上帝接受其崇拜的法令'，所有的人都会感到震惊，并称之为亵渎神圣，喧闹鼓噪一时。在宗教问题上宽容的专横一面就立刻自我暴露出来了。"

法国大革命一开始很好，但是米拉波的精神未能在革命整个过程中始终占优势。1789 年到 1801 年宗教政策的更迭具有特别的重要性，因为这些更迭表明，在那些以废除他们所推翻的政府的不宽容政策而自豪的人的思想上还远不具有信仰自由原则。根据"教士法"(1790 年)，国立教会改组了，禁止法国公民承认教皇的权威，主教的任命转由各省选举人决定，这样一来控制宗教的权势由国王之手转归国民。教义和礼拜没有被触动。在推翻君主制后接着成立的民主共和国时期(1792—1795 年)，一直维持着这一"教士法"，但是这时开始了一个使法国非基督教化的运动，巴黎公社命令各种教派的教堂都关门。在巴黎和各外省，发起了对理性的礼拜，仪式仿照天主教。极其反对天主教的政府却没有任意用武力去压制这个盛行的信仰；因为直接的迫害会削弱国防力量，而且使欧洲震惊。他们天真地希望迷信会逐步消失。罗伯斯庇尔宣称反对使法国非基督教化的政策，当他掌权(1795 年 4 月)后，他把对上帝的崇拜立为国教。"法兰西人民承认上帝的存在和灵魂不灭"；其他宗教信仰的自由也维持着。这样，卢梭的思想在几个月的时间内多少实现了。这意味着不宽容。无神论被视为一种罪恶，"凡是想法与罗伯斯庇尔不一样的人，都是无神论者。"

继民主共和国之后的是中产阶级共和国(1795—1799 年)，其政府的政策是阻止任何一个宗教团体形成优势，在所有教派之间保持平衡，但有些人偏心地压制最强大的一派天主教，据认为这一

派有摧毁其他教派甚至共和国的危险。政府的计划是支持新理性主义信仰的兴起,以世俗教育制度来削弱天启宗教。根据1795年宪法,教会于是与国家分离,宪法肯定一切信仰自由,并撤销以前由国家支付天主教教士薪俸的制度。小学世俗化,交由俗人去办。在学校里教授“权利宣言”、宪法条款和共和国道德以取代宗教课程。一位热心家宣称,“苏格拉底、马可·奥勒利乌斯和西塞罗的宗教将很快成为全世界的宗教。”

被称为“有神博爱教”(Theophilanthropy)的新理性主义宗教成立了。它是那个世纪的哲学家们与诗人们、伏尔泰与英国的自然神论者的“自然宗教”,不是卢梭的经过净化的基督教,而是先于和优于基督教并且胜过基督教的宗教。它的教义可简述为:上帝、灵魂不灭、博爱、人道;不攻击其他宗教,而是尊重所有的宗教;在家庭或寺庙中聚会,相互鼓励行善。这一宗教受到政府有时是秘密的、有时是公开的保护,在有教养的阶层中取得一定的成功。

在这种教义影响下,凡俗国家的观念普及了,到18世纪末法国存在着实际的宗教和平。在执政府时代(从1799年起),同一制度继续保持着,但拿破仑不再保护有神博爱教。尽管人们对当时的布局似乎没有什么不满意的,拿破仑却在1801年决定打破这个局面,让教皇出场。作为居大多数地位的天主教又受到国家的特别保护,教士薪俸又由国家支付。在明确划定的范围内,教皇控制教会的权威又得到承认;而对其他宗教也仍维持着充分宽容的政策。这是法兰西共和国与教皇之间签订的宗教事务协约的结果。据一位有很高权威的人的判断,如果拿破仑当时征询国民的意见,国民就会表明反对这种改变。这是否真实值得怀疑。然而拿破仑的政策似乎出于一种谋略,即利用教皇作为工具,他就可以支配人们的信仰,并更易于实现他的称帝计划。

撇开其宗教政策和根据理性主义思想家的原则建立新的信仰的实验不谈,联系到我们的主题,法国大革命本身作为以褊狭不宽容的信仰进行理性的压制的一个实例是有它的重要性的。

革命领袖们相信,通过应用某些原则,他们能够使法国革新并向世界表明,怎样才能取得人类持久的幸福。他们以理性的名义采取行动,但他们的一些原则是一些信仰的条条,是他们像接受任何超自然的教义那样盲目地和无理性地接受下来的。这些教条之一就是卢梭的错误的学说,他认为人是天生善良和热爱正义与秩序的生命。另一条是一切人生而平等的幻想。流行的幼稚信念认为立法可以把过去的历史完全抹掉并彻底改变一个社会的性质。“自由、平等、博爱”的信条就像使徒的信条一样;它使人思想着迷,仿佛来自上天的启示;它的宣传就像基督教或新教的传播一样,理性在其中几乎不起什么作用。当这个口号转变成“理性”的狂热鼓吹者的行动时,它绝不是平等、博爱或自由,特别不是自由,这些人无视人性的事实,也不顾国家的经济状况。恐怖,这一在传播宗教时经常使用的手段,这时被空前残酷无情地加以运用。任何人如对这个教义提出质疑就是一个异端分子,他该承受异端分子的命运。而且,像在大多数宗教运动中一样,思想较温和并较讲理的人屈服于狂热的人。这些自认为开始了理性统治的人,空前肆意地滥用了理性的名义。

不管怎么样,宗教自由以及其他好的事物,的确是从法国大革

命中出现的，最初以政教分离的形式，后来以“协约”的方式出现。在君主制和共和制下，宗教协约维持了一个多世纪，直至1905年12月才取消，当时再度采用了政教分离制度。

在德意志各邦国，宗教自由的历史在许多方面不一样，但就有限的宗教宽容最初是由于战争产生的来说，与法国的发展过程相似。17世纪上半叶使德意志四分五裂的三十年战争，像英国内战一样，宗教与政治混杂于其中，以缔结威斯特伐利亚和约而宣告结束。根据和约，天主教、路德宗、归正宗[①]这三个宗教教派都得到神圣罗马帝国法律上的承认，处于平等地位；其他各宗派除外。但是否宽容任何宗派，由帝国范围内各德意志邦国自己决定。这就是说，每个王公可从这三个宗派中选择一种强制他的臣民接受，而拒绝在他的领地内宽容其他教派。但他也可以容纳其他两派或其中一派，允许其他宗派的信徒居住在他的境内，在他们自己住宅范围内做他们的礼拜。因此，根据各个王公的政策，各邦国的宽容政策各不相同。

像其他地方一样，在德意志，特别是在普鲁士，政治上权宜之计的考虑促进了宽容精神的成长；理论鼓吹者也像其他地方一样对舆论产生很大的影响。但是德意志的辩护士争取宽容的论据主要是法律上的理由，不像英国和法国，主要根据道德和思想上的理由。他们把宽容政策视为一个法律问题，从国家与教会的法律关系的观点来论述。很久以前，一位富有独创性的意大利思想家帕

① 归正宗包括信奉加尔文和茨温利学说的信徒。

多瓦的马西利乌斯[1](13 世纪)就已从这个观点来考虑这个问题，他坚持认为教会无权用物质力量施行高压统治，而如果俗世当局惩治异端分子，其名目不是因为他违背了神圣训令，而是因为他触犯国家不容异端分子于国土的法律。

我们可以把托马修斯[2]看作这一理论的主要倡导者，他认为宗教自由是一个正确法律观念合乎逻辑的必然结论。他在一系列小册子(1693—1697 年)中写道，独拥有高压统治权力的王公，是无权干涉宗教方面的事情的，而教士们如干涉世俗事情，或用告诫以外的方法来卫护他们的信仰也是超越了他们的职责。不过除非异端邪说是一种罪行，否则俗世政权也没有合法的权利来压制异端分子。异端邪说并不是一种罪行，而是一种谬误；因为这不是一个意志问题。此外，托马修斯还强调一种看法，认为信仰一致并不会给公众幸福增添什么，而一个人只要是忠于国家，不论信仰什么都是一样的。托马修斯的宽容思想也不是很全面的，因为他深受他的同时代人洛克的著作的影响，那些被洛克排除在受宽容政策之益之外的一类人也同样受到他的排斥。

除了法理学家的影响，我们还可以注意到虔诚派运动是受一种赞同宽容的精神而激发起来的，这是一种对路德宗牧师拘泥形式的神学的富有宗教热情的反动；这一运动是由一些著名文化人，特别是莱辛，于 18 世纪后半叶推动起来的。

---

① 帕多瓦的马西利乌斯(Marsilius of Padua，约 1275—1342)，意大利政治思想家，著有《和平的保卫者》。——译者

② 托马修斯(Christian Thomasius，1655—1728)，德国哲学家和法学家。——译者

在德意志一切加速实现宗教自由的事件中，最重要的或许是弗里希大王这样一位理性主义者登上普鲁士王位这件事。在他登基(1740 年)几个月之后，他在一份谈及宗教政策的政府公文边上批示，应允许各人循自己的道路上天堂。他认为道德是独立于宗教之外的，因此与所有的宗教都不发生矛盾，从而一个人不论信仰什么宗教，都可以成为一个好公民，这是国家有权要求他做到的唯一一件事。他的这个观点导致了完全的宗教自由的必然结果。天主教教徒与新教教徒处于平等地位，而且违背了威斯特伐利亚和约，对所有被禁止的教派施行充分宽容的政策。弗里德里希甚至还怀有过把伊斯兰教移民引进他的领土某些地区的想法。这和乔治三世在位时的英国、路易十五在位时的法国、处于教皇阴影下的意大利形成了对照。在近代欧洲的任何国家中，充分宗教自由是由一位具有自由思想的统治者首先实现的，他是伟大的"渎神者"伏尔泰的朋友。这是历史上一件重大事件，但几乎没有受到应有的着重论述。

弗里德里希的政策和原则系统表达在 1974 年的"普鲁士领地法规"中。根据这一法规，无限制的信仰自由得到保证，路德宗、归正宗和天主教三个主要宗派处于同等地位并享有同样的权利。这个制度就是"管辖权制度"；但是三个教会在普鲁士据有的地位，在英格兰只有圣公会才享有。直到根据神圣罗马帝国最后一批法令之一(1803 年)使威斯特伐利亚和约作了修改之后，德意志其他邦国才开始向普鲁士指引的方向前进。在新的帝国建立(1870 年)之前，德意志全境已都承认宗教自由。

在奥地利，约瑟夫二世皇帝于 1781 年颁布了一项"宽容敕令”,这在当时的一个天主教国家来说可算是一项开明的措施。约瑟夫是一位真诚的天主教徒,但是他对于那个时代的开明思想并非无动于衷;作为弗里德里希的一个崇拜者,他的敕令是受到一种真正的宽容精神的激励,1689 年的英国法令可没有受到这种思想的启迪。这种宽容政策只施予路德宗和归正宗教派以及与罗马天主教会联合的希腊教会团体,这是一种有限的宽容政策。直到 1867 年奥地利才实施了宗教自由政策。

约瑟夫的政策也在意大利境内的一些奥地利属国实施,这有助于那个地区培养宗教自由思想。值得注意的是,在 18 世纪的意大利,提倡宽容思想的不是一位理性主义者或哲学家,而是一位天主教教士坦布里尼,他以他的朋友特劳特曼斯多夫的名义出版了一本名为《论教会的与世俗的宽容政策》(1783 年)的书。他把教会职权与政府的职权划分得界线分明,书中谴责了迫害和宗教审判,说强制宗教信仰是与基督教精神不相符的,他提出一个原则,认为君主只有在涉及国家安全的利害问题上才可施行压制政策。像洛克一样,作者认为无神论者理应受到这样的压制。

拿破仑在意大利建立的一些新属国在不同程度上表现出宽容的态度,但真正的宗教自由政策是加富尔首先在皮埃蒙特采用的(1848 年),这一措施为后来的完全的宗教自由铺平了道路,这是 1870 年建立意大利王国的头一批果实之一。意大利的统一及其所包含的种种意义,是近代国家的一些观念战胜基督教教会的一些传统原则的最引人注目和激动人心的一幕。最忠诚地维护着这些原则的罗马天主教会,对那在 19 世纪席卷欧洲的自由主义思想进行了毫不动摇的、也可以说是壮烈的抵抗。它的政策指导者深知，对于它这个在遥远的过去建立的、认为不可改变并永不会过时的教会机构，自由思想意味着什么样的危险。格里高利十六世[①]在一份通谕(1832 年)中，发出维护权威反对自由、坚持中世纪的思想反对近代理想的庄严声明，这份通谕意欲谴责一些法国青年天主教徒(拉马奈及其朋友们)，他们满怀希望地抱有用当时的自由精神来改革教会的思想。教皇斥责“那种保证人人可以获得信仰自由的荒谬、错误，或毋宁说是疯狂的主义。四处散布，造成教会和国家灾难的十足而无限制的思想自由为这种谬说传播铺平道路，某些人极其厚颜无耻地胆敢把这种思想自由说成是对宗教有益的事。从此青年堕落了，他们蔑视宗教和大多数尊严的法律，世界发生了普遍的思想变化，总之，这是社会极其严重的灾难；历史的经验表明，一些因富足、权势和光荣而辉煌于世的国家，恰恰是由于无节制的思想自由、放肆的交谈议论和喜好标新立异这种邪恶的言行而遭灭顶之灾。与此有关的是任何种类的任何著作的出版自由。这是一种该诅咒的极其有害的自由，我们还未能充分认识其可怕程度，虽然某些人胆敢热烈而喧嚣地欢迎这种自由”。三十年后庇护九世[②]以他的《关于近代谬说的纲要》(1864 年)这一类似的告示令全世界感到惊讶。不过，尽管教会的原则与近代文明的潮流是根本敌对的，教皇制还是在一个受其谴责的种种观念已变成生活中的平常情况的世界里保存下来，很有势力且很体面。

西欧国家从 15 世纪盛行的统一不变的制度到成为 19 世纪通

① 格里高利十六世(Georgory XVI,1831—1846)，罗马教皇。——译者

② 庇护九世(Pius IX,1792—1878)，罗马教皇。——译者

则的自由制度，进步是缓慢而困难的、无条理的和动摇的，一般是受政治需要的支配，很少是受审慎的信念所启发。就与法律有关方面来说，在“管辖权”和“政教分离”两种不同制度下，我们已看到宗教自由是怎样实现的。但是法律上的宽容会与许多实际上的不宽容做法并存，在法律面前的自由是与法律无法负责的一些使人无可奈何的严重情况相容的。例如，发表非正统的见解会使一个人不能获得一个世俗职位或妨碍他晋升。有人提出问题，这两种制度中，哪一种更有利于创造一种宽容的社会气氛呢？鲁费尼（他的优秀著作《宗教自由》，我在本章中引用很多）的判断是倾向于“管辖权”。他指出，索齐尼虽然是赞成思想自由的，却重视和研究这一制度，浸礼会的精神是不宽容的，但却寻求实现政教分离。更重要的是他观察到，在德意志、英格兰和意大利这些地方，最强大的教会是受到国家控制的教会，但这些地方比起普遍实行政教分离制的美国许多州来，却具有更多的自由和对于言论更宽容。一百年前，美国人对曾在独立战争中为他们做出卓绝贡献的托马斯·潘恩表现出令人惊异的忘恩负义的态度，只不过因为他出版了一本观点非常不正统的书。大家都知道，自由思想仍然给一个美国人构成严重障碍或不利条件，即使在大多数大学中也如此。这证明政教分离并不是产生宽容精神的万应灵方。但如果不论是联邦共和国政府或某些州采用了“管辖权利”，我看没有什么理由认为美国的舆论会有所不同。假设不论在哪种制度下都有法律上的自由，我认为舆论的宽容精神需视社会条件，而且特别是需视受教育阶层的文化程度而定。

从本章的概略叙述中可以看出，宽容思想是新的政治环境和

出于新的政治需要的结果,是通过宗教改革造成的教会分裂而产生的。而这意味着在这些给予人民宽容政策的国家中,统治阶级中的一个有充分的影响力的集团的思想已成熟到希望变革,而这种新的思想态度在很大程度上是由于文艺复兴运动所散布的怀疑主义与理性主义的结果;怀疑主义和理性主义巧妙地、不知不觉地影响了许多真诚拥护严格的正统信仰者的思想;启发的力量非常非常卓有成效。在以下两章里,我们将追溯理性由 17 世纪至 18 世纪和 19 世纪,如何牺牲信仰而取得进展的。

第六章　理性主义的成长（17 世纪与 18 世纪）

在过去的三百年间，理性缓慢而不断地打破了基督教神话并揭露那超自然的天启学说的虚伪性。理性主义的进步自然地分成两个时期。(一)17 世纪与 18 世纪中，那些否定基督教神学及其所依据的书籍的思想家，主要是受到他们在证据中发现的前后不一致、自相矛盾和荒唐无稽之处，和教义的道德难解之点的影响。他们了解到一些科学事实，似乎反映了《启示录》是否正确的问题，但是根据科学的论证还是次要的。(二)19 世纪中，许多领域中的科学发现，全力攻击那在天真愚昧年代构筑起来的许多虚构的故事；而历史的批判有条不紊地破坏了一些神圣文献的权威性，前此这些文献主要是遭到常识的尖锐而无条理的批评。

无偏见地崇尚事实，不顾这些事实会对个人的希望、畏惧或命运会产生什么影响，是各个时代一种稀有的品质，自古代希腊罗马以来确实非常稀少。这就是科学精神。而在 17 世纪中我们可以说（并非不尊重少量先驱者），现代自然科学研究开始了，在这同一时期中，出现了许多以无私地热爱真理的思想为指导的著名思想家。在这些具有最敏锐头脑的人中，有些人得出了基督教的宇宙体系观是不合理的结论，按照他们各人的气质，有些人就否定了这种宇宙观，而另一些人，像伟大的法国人帕斯卡尔，却倒退为无理性的信仰行动。声明信仰正教的培根内心里大概是位自然神论者,无论如何,他的著作总的精神是把权威从他所极力鼓励的科学研究领域排除出去。笛卡儿不仅因是近代形而上学的创立者,而且也由于他对科学的独创性贡献而著名,因他生性怯懦,他可能想设法安抚教会当局,但他的哲学方法大大激发了理性主义思想。高级知识分子的一般趋势是发扬理性,贬抑权威;在英国,洛克牢牢确立了这一原则,所以在18世纪的整个神学论战中,双方都是依靠理性,没有一位著名的神学家把信仰视为更崇高的个人品质。

公众舆论中关于巫术这个话题悄悄产生变化是理性逐渐进逼的一个显著例证。詹姆斯一世执行《圣经》"不容许一个巫婆活着"的命令的著名功绩,被共和国时期清教徒对那些与撒旦做过交易的邪恶老妇的狂热镇压超过了。王政复辟后,在受教育的人们中,相信巫术的减少了,尽管有一些有才能的作者还坚持相信,被处决的人很少。最后一次审判巫婆是在1712年,当时赫特福德郡的一些教士控告了简·韦纳姆。陪审团觉得她有罪,但法官概括原被告的陈述的要点对她有利,得以减轻她的判刑;而反对巫术的法律也于1735年撤销。约翰·卫斯理[①]十分正确地说,不相信巫术就是不相信《圣经》。在法国和荷兰也同时发生了对撒旦这种特殊活动方式的信仰和兴趣的衰落。在苏格兰,那里神学势力强大,1722年有一妇女被焚。在现代科学和现代哲学兴起的时代,这种迷信的普遍衰落并不能仅仅看作是巧合。

① 约翰·卫斯理(John Wesley,1703—1791),英国18世纪基督教牧师、神学家,领导了英国宗教复兴,是卫斯理宗和卫理公会的创立者。——译者

霍布斯或许是17世纪英国最卓越的思想家,是一位自由思想家和唯物主义者。他曾受到他的朋友、法国哲学家伽桑狄[1]的影响,后者使具有伊壁鸠鲁式的唯物主义复活。然而霍布斯并不拥护信仰自由,而是赞成毫不妥协地压制信仰自由。根据他在《利维坦》一书中阐述的政治理论,君主在宗教教义领域,如同在其他一切事情中一样,具有专制的权力,臣民的义务就是遵奉君主强加的宗教。因而宗教迫害得到他的辩护,不过教会不具有独立的权力。但是霍布斯据以建立其理论的原则是理性主义的。他把道德与宗教分开,而认为"真正的道德哲学"是与"真正的自然法则的学说"一致的。他认为,对于无形事物的胡思乱想的畏惧(由于无知)是一种心情的自然种子,这种心情就他自己一个人来说叫做宗教,而对于畏惧和崇拜无形的事物的那些人来说则不同,是迷信。我们可从他的这些话中推断出他对于宗教真正的看法是什么。在查理二世在位时期,霍布斯被迫保持沉默,他的著作被焚。

荷兰的犹太人哲学家斯宾诺莎,曾受到笛卡儿和霍布斯(在政治思考方面)很大的影响,但是他的哲学较之他的两位老师胆敢提出的,意味着与正统见解有更广泛和更公开的破裂。他认为被他称作上帝的最高实在,是一种绝对完善的、非人格的存在,一种实体其性质是由两种"属性"构成,即思想和广延空间。当斯宾诺莎谈到热爱上帝时,他想的是其中应包含的幸福,他意指知识和对自然秩序,包括人性的思考,自然秩序是受固定不变的法则制约的。

[1] 伽桑狄(Pierre Gassendi,1592—1655),法国哲学家、科学家和数学家,是17世纪实证主义代表人物。——译者

他否定有关自然界的终极原因的自由意志和他所称的“迷信”。如果我们要给他的哲学起个名称，我们可称之为一种泛神论。它往往被描述为无神论。按通常使用无神论的含义，我认为如果无神论是指否定一个人格化的上帝，那么斯宾诺莎就是一个无神论者。我们应该注意到，在17世纪与18世纪，无神论者被十分广泛地用作贬损自由思想家的名词，我们要是读读无神论者的著作（很慎重的作家的作品除外），一般会认为那些被诬蔑为无神论者的人实际上是自然神论者，这就是说，他信仰一位人格化的上帝，但不相信《启示录》。[1]

斯宾诺莎的大胆的哲学与当时的一般思想潮流不合拍，直到很久以后才对思想发生深刻的影响。约翰·洛克是其著作对同时代的人们最有吸引力、最合时宜和起作用的思想家，他表明或多或少是正统的圣公会教派。他对哲学的伟大贡献等于是强有力地保护理性反对冒称作权威者。他的题为《人类理解论》的论著（1690年），目的在于表明一切知识得自经验。他把信仰完全从属于理性。尽管他接受基督教的天启，但认为如果天启与理性的更高的裁判相抵触，就必须予以否定，认为天启给我们的知识不能像理性给我们的知识那么确实可靠。“人若去掉理性而让位于天启，就是把两盏灯都扑灭了；这无异于好像劝一个人挖掉双眼，说通过望远镜能更好地看到一个看不见的星体的遥远星光。”他著有一本书表明基督教的启示并不是与理性相矛盾的，书名是《论基督教的合理

① 为简便起见。我按这个意思通篇使用自然神论者（deist）一词，尽管现在通用的是有神论者（theist）这个名词。

性》,引发了随后一百年间英国所有的宗教论战。不论是正统派还是其对立面都非常一致认为,合理性是对天启宗教的主张的唯一检验。

正是在洛克的直接影响下,一位从天主教改宗的爱尔兰人托兰德写了一本轰动一时的书《基督教并不神秘》(1696 年)。他认为基督教是真正的宗教,并辩解说,其中不应有神秘之处,因为神秘即是难以理解的教条,是不能被理性接受的。而如果一位有理智的上帝给予启示,启示旨在启发教导,而不是使人迷惑不解。聪明的读者不难看出,关于基督教的真理的设想只是一种托词。这本著作的重要性在于它引申了洛克哲学的逻辑结论,并且销路很广。玛丽·沃特利·蒙塔古夫人在贝尔格莱德遇到一位土耳其人艾芬迪,他向她问到托兰德先生的消息。

这一阶段理性与权威的斗争特点是(除了 18 世纪的法国思想家以外),攻击神学的理性主义者一般假装承认他们所攻击的思想是真理。他们伪称他们的空谈并不影响宗教;他们可以把理性的领域与信仰的领域分开;他们可以表示认为《启示录》是多余的而不对它提出质疑,他们可以向正统派观念表示敬意,但却写出与正统派观念不可调和的观点。令人啼笑皆非的是,他们在理性领域里揭露的谬误,在神学范围里却被承认是真理。人们采用了中世纪的双重真理原则及其他手法,为防正教的专横暴露而作自我保护,虽然不是总有效;我们在读这一时期的许多理性主义者的著作中,必须从字里行间读懂其意思,培尔的著作就是一个有趣的例子。

如果说洛克的哲学,通过稳住权威但推论出一切知识来之经验,是对理性主义强有力的帮助,他的同时代人培尔却通过研究历史来做同样的工作。他在被从法国驱逐出来后(见前文第107页[原书页码。——译者]),居住在阿姆斯特丹,在那里出版了他的《哲学辞典》。他实际上是一位自由思想家,但从未拉下正统派的伪装,这就使得他的书具有一种特别的尖刻辛辣的特点。他喜欢整理出异教徒攻击基督教基本教条的所有理由,毫不容情地揭露大卫的罪恶与残忍行为,说明这位上帝的宠儿是一个谁也不愿与之握手的人。对于他这种道德上令人厌恶的坦率人们大喊大叫。培尔在回答中采取蒙田和帕斯卡尔的态度,把信仰与理性对立起来。

他说,信仰的神学价值存在于只信仰天启真理并完全相信上帝的权威中。如果你由于哲学的理由而相信灵魂不灭,你是正统的,但你与信仰没有什么关系。随着天启真理超过我们思想所有的理解力量愈大,信仰的价值也愈大;真理越是不可理解并与理性的冲突越大,我们在接受这一真理时做出的牺牲就越大,对上帝的服从也就越深切。因此,开列一张理性反对基本教义的理由的无情的清单是为了提高信仰的价值。

《辞典》还因公平对待那些否认上帝存在者道德上的优点而受到批评。培尔答复道,要是他能够发现任何一位无神论思想家过着不道德的生活,他就会乐意数说他们的恶行,可是他对这类恶行无所发现。至于你在历史上看到的罪犯,他们的可恨的行为令你震惊,而他们的不敬神和亵渎神圣的行为证明他们是相信有一个上帝的。神学教义认为魔鬼虽不可能是无神论者,却是人类一切罪行的教唆者,这就是这一理论的自然结论。因为人的邪恶行为必定与魔鬼的邪恶行为显然很相似，因此必定联系到相信上帝存在的信仰，因为魔鬼不是无神论者。最坏的罪犯不是无神论者，而名字在历史上有记载的大多数无神论者却是正直的人，这难道不是上帝无限智慧的证明吗？靠这样的安排，上天限制了人的堕落；因为如果无神论和道德败坏集中于同一些人身上，那么全世界各国社会就将遭到罪恶横流的致命打击了。

同样格调的话很多，而结论则是在蒙上一层忠于信仰的薄薄的面纱下，表明基督教教义是根本不合理的。

培尔的著作以学识渊博和博大精深著称，在英国也同在法国一样产生巨大的影响。它为两国攻击基督教者提供了武器。最初，英国的自然神论者以最大的气魄和能耐进行了攻击，虽然他们的著作现在很少有人读了，但他们反对天启宗教权威性的论战是功不可没的。

自然神论者与他们的正统派对手的争论转到自然宗教的上帝——据认为，上帝的存在是可以被理性证明的——能否与创造基督教启示的上帝视为同一个人的问题上。自然神论者认为似乎不可能。因为所谓启示的性质似乎与理性所指的上帝的特点相矛盾的。为天启辩护的人，至少最有资格的辩护者，与自然神论者在把理性置于最高位置上看法一致起来，通过对于理性的这种信赖，他们中有些人堕入异端中。例如，克拉克[①]是其中最有才能的一位，他在关于三位一体的教条上的理由很不充分。我们还应注意

① 克拉克(Samuel Clarke，1675—1729)英国哲学家、数学家、语言学家，著有《上帝的属性与实有的明证》。——译者

到，关注道德问题是这两派论争的主要动机。正统派认为有关来世回报和惩罚的天启教义对于道德是必要的；自然神论者则认为，道德依据的只是理性，启示包含的内容大多与道德的理想相矛盾。整个18世纪，道德是英国圣公会教会人士首要考虑的问题，而在教会内部无法满足的宗教情感，好像就被驱使向外了，在卫斯理和怀特菲尔德[①]的循道宗中找到出路。

斯宾诺莎曾定下原则，认为《圣经》应像其他书籍一样可以解释(1670年)[②]，在自然神论者看来，这是至关重要的。为了躲避迫害，他们一般给他们的结论罩上薄得足以伪装的面纱。前此，“出版物许可证颁发法令”(1662年)曾非常有效地阻止异端著作的出版，我们是从谴责不信教言论的正统派著作中了解到理性主义是怎样传播的。但是到1695年，“出版法”废止，自然神论者的作品立刻就出现了。然而，根据亵渎神圣法，仍有被控告的危险。有三种法律武器可压制攻击基督教者：(1)对于犯有无神论、亵渎神圣罪、异端邪说和可诅咒言论者，教会法庭过去有权、现在仍有权予以最多达六个月的监禁。(2)按高等法院院长黑尔于1676年解释的普通法，某一位叫泰勒的人被控曾说过宗教是一种欺骗并亵渎耶稣基督。法官判处被告罚款并上颈手枷示众，法官的裁决是，因为基督教是“英格兰法律的一部分，这类亵渎神圣的言辞是违犯法律和国家的罪行，发表攻击基督教的言论就是发表破坏法律的言

① 怀特菲尔德(George Whitefield，1714—1770年)，英国基督教圣公会传教士，卫斯理的挚友，曾一同在美洲佐治亚殖民地传教。他在北美殖民地宗教“大觉醒运动”和早期循道宗运动中起过重要作用。——译者

② 斯宾诺莎的《神学政治论文》论述了《圣经》的解释问题，1689年被译成英文。

论,所以高等法院对这样的案件有裁判权”。(3)1698 年法令规定,任何受过基督教教育的人,凡“通过著作、出版、宣讲或经过考虑的讲话,否定神圣的三位一体中任何一位是上帝,或主张或坚持不止有一个神,或否认基督教是正确的宗教,或否认包含有《旧约》和《新约》的《圣经》具有神圣的权威”者,都判定犯罪,初犯则裁定其不能担任公职或受雇,再犯则判失去公民权并监禁三年。这一法令直截了当地说明:“近年来许多人公开表示并出版了许多亵渎神圣并违反基督教的教义和原则的不信神言论,”这一事实就是其动机。

事实上,过去二百年中大多数的对亵渎神圣案件的审判都属于第二项。但是 1698 年的新法令非常吓人,因而我们能易于理解它怎么驱使有异端思想的作者去作模棱两可的伪装。这些伪装之一就是《圣经》的寓言解释。他们表明,字面解释造成一些荒谬的说法或与上帝的智慧和公正相抵触,并伪托暗示必须以寓言解释取代。但他们的用意是要读者拒绝他们伪装提出的解决办法,并得出损害《启示录》的结论。

在用来支持《启示录》的真实性的论据中,预言的实现和《新约》中的奇迹是很显著的。乡村绅士安东尼·柯林斯是洛克的信徒,他在 1733 年发表了《论基督教的根据和理由》的论文,在文中毫不留情地揭露证明预言实现的证据的不中用,因为它是依据牵强附会的不自然的比喻的解释。20 年以前,他曾写过一篇《论自由思想》的论文(其中很明显受到培尔的影响),呼吁自由讨论并把一切宗教问题求助于理性来解答。他抱怨当时普遍的不宽容态度;但是证明不宽容的同样一些事实也证明不信仰宗教的思想的传播。

柯林斯还可以逃脱惩罚，但剑桥大学西德尼·萨瑟克斯学院研究员托马斯·伍尔斯顿却为他的大胆行为受到惩罚，他写了《论我们的救世主的奇迹》六篇攻击性论文（1727—1730年），既被剥夺了研究员资格，又被控诽谤罪，并被判处100英镑罚款和一年的监禁。他未能支付罚款，死于狱中。他并不是采取论证奇迹是不可信或不可能的事实的办法，而是审察《圣经》中谈到的主要奇迹，并以非凡的才能和敏锐的常识显示出这些奇迹荒唐无稽，表演者是不足取的。正如后来赫胥黎[①]与格莱斯顿[②]争论中指出的，他指出了奇迹般地把一群魔鬼赶入猪群中[③]是对某个人的财产的不可原谅的损害。关于神使无花果树枯萎的故事[④]，他指出："在复活节那天（一般认为是耶稣寻找这些无花果的时间），要是肯特郡一个自耕农到他的果园中寻找苹果，因没找到感到失望就把他的一些果树砍倒了，那该怎么说？他的邻居们会怎么看他？只不过成了个笑柄；要是这故事发表在《公共新闻报》上，他就会成为人类戏谑和嘲笑的对象。"

或再举出他对于毕士大池子的奇迹[⑤]的评论来说，一个天使常去搅混池水，随后第一个跳进池子里的人就治好了他的疾病。

① 赫胥黎（Thomas Henry Huxley，1825—1895），英国博物学家，达尔文进化论的支持者。——译者

② 格莱斯顿（William E. Gladstone，1809—1898），英国政治家，19世纪曾四次出任英国首相。——译者

③ 见《新约·马可福音》第5章第1至20节。——译者

④ 见《新约·马太福音》第21章第18至22节。——译者

⑤ 见《新约·约翰福音》第5章1至10节。——译者

他说,“这是一个上帝赐恩惠于人的滑稽可笑的方式。我们也会认为上帝的天使们这样做只是为了他们自己的消遣,而不是对人类行善。正如有个人把一块肉骨头扔进一群猎狗中以看它们争夺取乐,或像另一些人把一块钱币扔给一群孩子,以看他们争先恐后地抢夺来玩耍,天使们在池子里的消遣也是这样。”在谈论到治愈患血漏症的妇人的奇迹[①]时,他问道:“如果我们听说教皇像面前这个奇迹一样治好一个患出血症的病人,新教徒会怎么谈论这事?什么,‘一个愚蠢、易受骗和迷信的妇女,幻想她的某种小痛被治好了,而渴望得到民众称赞的狡诈的教皇及其追随者就把这个想当然的治病事例夸大为一种奇迹。’要运用这样一种由教皇做出的奇迹的想像的故事是很容易的;因此,如果那些对耶稣的看法也不比我们对教皇的看法好些的异教徒、犹太教徒和穆斯林教徒也利用这一点,那也无法可想。”

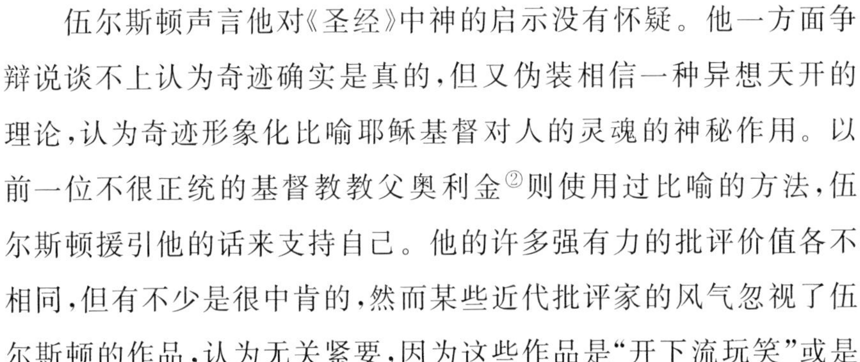

伍尔斯顿声言他对《圣经》中神的启示没有怀疑。他一方面争辩说谈不上认为奇迹确实是真的,但又伪装相信一种异想天开的理论,认为奇迹形象化比喻耶稣基督对人的灵魂的神秘作用。以前一位不很正统的基督教教父奥利金[②]则使用过比喻的方法,伍尔斯顿援引他的话来支持自己。他的许多强有力的批评价值各不相同,但有不少是很中肯的,然而某些近代批评家的风气忽视了伍尔斯顿的作品,认为无关紧要,因为这些作品是“开下流玩笑”或是

① 见《圣经》〈路加福音〉第 8 章第 43 至 48 节。——译者

② 奥利金(Origen,约 185—约 254 年),早期希腊教会最有影响的神学家和《圣经》学者,曾遭罗马皇帝迫害。一生主要从事校勘希腊文《旧约全书》和注释全部《圣经》,著有《六合本合参》、《论原理》等。——译者

“粗鄙的”,这是十分不公正的。小册子销路很广,从快乐的少妇的逸事中可说明伍尔斯顿的名声。他在外出散步时遇到这位少妇,少妇招呼他说,“你这老流氓还没被绞死?”伍尔斯顿回答说,“好妇人,我不认识你,请问我干了什么事冒犯了你?”她说:“你写文章攻击我的救世主,要是没有我亲爱的救世主,我的可怜的罪恶深重的灵魂该怎么办?”

大约在同时,马修·廷德尔(万灵学院研究员)从较一般的观点攻击了《启示录》。在他的《与创世一样古老的基督教》(1730年)中,他断言,《圣经》作为一种神启是多余的,因为它并没有给自然宗教增添什么,上帝从一开始就通过唯一的理性见识把自然宗教启示给人类。他说,那些人以天启宗教与自然宗教是一致的理由来为天启宗教辩护,从而建立了理性与权威双重指导体系,陷于两难之中。他指出,“以一本书中所包含的教义的真理来证明这本书的真理,同时又因这些教义包含在这本书中来证明这些教义是正确的,这真是奇妙的混乱。”他继续详细批判《圣经》。为了坚持《圣经》的无谬误而又不违背理性,当你发现有不合理的说法时,你必须对这些说法加以曲解并抛开字面的意思。你会不会认为,一个在种种场合背离了《古兰经》的字面意思的伊斯兰教徒是受古兰经指导的吗?“而且,你会不会告诉他,他的受神启示的圣书远远不如西塞罗未受神启示的著作,在他的著作里不会发生这类背离文字意思的情况?”

至于似乎会危及《圣经》的无谬误性的编年错误和实质性的错误,有一位主教为应对这种论点这么说:道理很明白,在《圣经》上,上帝是按照他与之讲话者的见解来讲话的,矫正这些人的见解不

是《启示录》的任务。廷德尔反驳说:“上帝不纠正人们在这些问题上的观点,并且自己反而也采用这种需要纠正的观点;或是上帝不改正人们在逻辑上和修辞上的错误,反而自己也照用;或是上帝不反对人们的粗俗见解,反而按他们的说法讲话来肯定这种见解,这二者之间难道有什么不同? 不借助于这些卑劣的做法就不能获得并保持人民敬爱的感情,无限的智慧能不感到绝望吗?”

他相当有效地揭露了唯独信基督教才能得救的教义的荒谬。他问道,我们要不要想一想,本来天国之门对那些只要服从理性指导的人是开着的,在一个人到来之后,就把大门对这些人关起来了,这个人能被称作上帝送来的人类救世主吗? 他批评我们所自然而然地知道的上帝公正无私普施仁慈的说法与耶和华或其先知的行为是自相矛盾的。例如,像以利亚的惩罚人们事实并没有犯的罪过、阻止天下雨达三年半之久、从而破坏了自然的秩序的事件[①]就是这样。如果上帝因有人犯罪可以打乱他定下的常规去惩罚无辜,如果他在今生这么对待我们,我们也不能保证他在来世不会同样这样对待我们,“因为永恒的正义法则一朝被打破,我们怎能想像会有终止的时候?”而《旧约》中神圣和公正的典范也确实很奇怪。越是看来很残忍和一心降实祸的人越是更神圣的人。当我们看到神圣的先知伊利沙以上帝的名义诅咒那些叫他“秃头佬”的一群小孩是多么惊讶! 而更令人吃惊的是,两头母熊立即把 42 个小孩都吃掉了。[②]

① 见《旧约・列王纪上》第 17 章。——译者

② 见《旧约・列王纪下》第 2 章第 23—24 节。——译者

我曾谈到，这一时期的神学家一般采取不是以信仰而是以理性作为基督教的根据的办法。1741年出现一本题为《基督教不是建立在论证上》的有趣小书，是小亨利·多德韦尔以致牛津大学一位青年绅士的信的形式写的，他指出这样信赖理性的危险。这是培尔主义的一个富有讽刺性的发展，提出基督教实质上是不合理的命题，你要是要相信它，推理是致命的，培养信仰又培养推理就产生相互矛盾的结果；哲学家由于在世俗智慧方面非常进步，不配接受神的影响；接受福音的必须是像婴儿一般十分柔顺服从，一心一意听他教诲。基督并没有提出要将其教义供调查研究；在他的信徒面前也没有为他的使命提出论据，没有给他们时间去冷静考虑他们的力量，并承认他们有按照他们的理性指导去做出决定的自由；使徒们是目不识丁的最拙劣的人，没有资格担当这一任务。多德韦尔揭露了新教观点的荒谬之处。它让所有的人有自己判断的自由，同时又指望他们具有《传道书》作者的思想，人们很难设想，有哪个人愚钝到敢于策划，更不必提有哪个人大胆到承认并提议付诸实践这样一种完全一致的方案了。罗马教会的人"会按(所有会思考的人的)判断起来反对并谴责这种观点；因为他们以前捏造的只是一种'无谬误'的谬见，现在却看到这当中有比'无谬误'更大的谬见"。

我还必须谈谈沙夫茨伯里伯爵三世[①]的文章，他的文章风格使他的著作还没有完全遭到忽视。他专注的兴趣是伦理学。虽然这一时期大多数异端作者的有价值的著作在于对超自然宗教的毁

① 沙夫茨伯里伯爵三世(Anthony A. Cooper, 3rd Earl of Shaftesbury, 1671—1713)，英国政治家、哲学家。——译者

灭性批评,但正如前面我们已看到的,他们坚信所谓的自然宗教,这就是信仰有一位仁慈而聪明的人格化的上帝,他根据自然法则创造了世界并治理世界,期望我们幸福。这一思想源于古代哲学家的著作,通过彻伯里的赫伯特勋爵用拉丁文写成的《论真理》的论文而重提出来(在詹姆斯一世在位时期)。自然神论者坚持认为这就足以作为道德的根据,而基督教劝诱人行善是不必要的。沙夫茨伯里在他的《关于德行的探讨》(1699年)一文中讨论了这个问题,他认为天堂与地狱的构想及其所启发的自私的希望和恐惧败坏了道德,德行本身的美才是人们行为唯一有价值的动因。他甚至不认为自然神论是道德法规的必要的小前提,承认无神论者的意见并没有破坏伦理学。但他认为对于一位宇宙的善良统治者的信仰是对美德实践的强有力的支持。他是一位彻底的乐观主义者,十分确信为适应达到目的的奇妙手段,由此,一种动物的功能就是为另一种动物提供食物。他并没有打算把自然界的红色爪子和利齿与其强大的天工巧匠的仁慈调和起来。"大体说来,万物都得到适宜而恰好的安排。"无神论者会说,他宁愿听命于纯出偶然的遭遇而不愿受制于一位专制独裁者,这位独裁者如果喜欢沙夫茨伯里勋爵的秩序意识,需创造苍蝇以供蜘蛛吞食。但是这一方面并没有怎么烦扰18世纪思想家们的宇宙。但另一方面,《旧约》中上帝的性格却引起沙夫茨伯里的反感,他以暗示和讽刺的方式,而不是直接地攻击《圣经》。他暗示说,如果有一个上帝存在,无神论者引起他的不悦怕没有那些接受扮作耶和华的人引起的多。正像普鲁塔克说道,"我宁愿让人们谈起我说,像普鲁塔克那样的人从来没有过,也不会有,而不愿他们说,'有一个普鲁塔克,是一个

反复无常、多变、易被挑拨和爱报复的人。’”沙夫茨伯里的重要性在于，他建立了一套积极的道德理论，尽管没有哲学的深度，但对18世纪的法国和德国的思想家却产生了巨大的影响。

就某些方面来说，科尼尔斯·米德尔顿教士或许是最有才能并肯定也是最有学问的自然神论者，他一直留在基督教会内。他支持基督教是基于功利主义理由。他说，即使基督教是一种欺骗行为，摧毁它也是错误的。因为它是根据法律创立的，并且有悠久的传统支撑着。某种传统的宗教是必需的，而如果用理性去取代基督教是没有希望的事。然而他的著作中包含有很多精辟的论点，有助于破坏《启示录》。最重要的是他对基督教奇迹的《自由探究》(1748年)，书中对一个老问题提出新的危险的见解：在什么时候教会不再有权力上演奇迹剧？我们会很快看到吉本是怎样应用米德尔顿的方法的。

自然神论的主要对手也像他们一样求助于理性，但在求助于理性中却大大破坏了权威。巴特勒主教(Bishop Butler)的《类比》(1736年)是对信仰的最有力的辩护，但令人觉得其引起怀疑的作用多于要化解怀疑的作用。这是威廉·小皮特的体会，而且《类比》一书使詹姆斯·穆勒(功利主义者)变成个不信宗教者。自然神论者辩论说，《启示录》中的不公正而残忍的上帝不可能是自然界中的上帝；巴特勒指出自然界现象说，你在自然界中也看到残忍与不公正。这种辩论用来反对沙夫茨伯里的乐观主义十分好，但显然也承认一个结论，即不存在有一个公正而仁慈的上帝，这与巴特勒想证实的结论正相反。巴特勒被迫退到怀疑主义的论点，认为我们极端无知；一切事情，甚至永恒的地狱之火，都是可能发生的，因此，接受基督教教义是谨慎可靠的办法。我们可以指出，这种推理，只要稍加修改，也可用来在麦加或廷巴克图支持其他宗教。他事实上是重新提出了帕斯卡尔所运用过的论点，即在许许多多或然率中，有一或然率认为基督教是正确的宗教，做一个基督教徒是符合个人利益的；因为，如果基督教原来是虚伪的，相信它对他也没有什么损害；如果它本来是正确的，那他将得益无穷。巴特勒实际上设法要表明，受赞赏的或然率相当于一种可能的结果，但是他的论据基本上是像帕斯卡尔一样具有同样的思想上和道德上的价值。前已指出，这种论点使人通过合乎逻辑的很容易的一步就从圣公会转到罗马天主教会。天主教徒和新教徒(如法国国王亨利四世所争辩的)一致认为一个天主教徒可能得救，天主教徒则断言一个新教徒会堕入地狱；因此，安全的办法是拥护天主教。

我已相当详尽地论述了几位英国自然神论者，这是因为，他们不仅在英国理性主义史上占有重要地位，而且与培尔一道，也提供了大量的思想观念，这些思想观念经过海峡彼岸的优秀作者的巧妙运用，引起了法国受教育阶层的注意。这时我们到了伏尔泰的时代。他是坚信自然神论的。他认为宇宙的性质证明它是由一位有意识的造物主创造的，为了人的品格操行，需要有上帝，他强烈反对无神论。他在有关宽容政策问题中的富有成效的努力，还有一贯反对迷信的斗争是他的伟大的成就。他深受英国的思想家，特别是洛克和博林布鲁克[1]的影响。博林布鲁克这位政治家除对亲密的友人外，生前一直隐瞒着他不信仰基督教的观点；他曾作为流亡者长期居住在法国；而他的一些理性主义的论文是在他去世后发表的(1754 年)。伏尔泰的文学天才把这些英国思想家的著作翻译转变成一种世界性力量，但他自己直到 18 世纪中叶以后才开始进行他的反对基督教的战役，当时迷信活动和宗教迫害成了法国社会上令人反感的事件。他在各个领域用嘲笑和讽刺手法攻击了天主教会。在一本小书《宗教狂热的坟墓》(著于 1736 年，出版于 1767 年)中，他一开始评述一个人毫不审察就接受他的宗教(像大多数人那样)，就像一头牛任由人给套上轭具一样，接下去又审查了《圣经》中的一些难解之点，回顾基督教的兴起和教会历史的过程；他从中得出结论，认为每个明智的人都会厌恶基督教教派。“人们瞎了眼，不相信一种简单的普世宗教，而选择了一个荒谬而残暴的宗教教派，这个教派受到刽子手的支持，靠燃烧的柴捆环绕着，是一种只有那些从它得到权力和财富的人才认可它的教派，是只被世界上一小部分人接受的特殊教派。”在《五十人布道》和《查帕塔的质疑》中，我们能看出他受到培尔和英国评论家的影响，不过他的笔触较轻而讽刺则较有力。他对于《旧约》中的地理错误评论说：“上帝显然在地理学方面不擅长。”他引人注意罗得之妻因回头看所犯的“可怕罪行”以及她变成盐柱的事，[2]希望《圣经》的故事即使不能使我们更开化，也会使我们变得更好些。他喜

---

① 博林布鲁克(Henry St. John，1678—1751)，英国政治家、作家。——译者

② 见《旧约·创世记》第 19 章第 1—26 节。——译者

欢运用的方法之一是作为一个生平第一次听说有基督教徒或犹太教徒的人来看待基督教教义。

他的戏剧《扫罗》(1763 年)是警察试图查禁的书,此剧呈现了符合上帝心意的大卫的种种赤裸裸的恐怖行为。撒母耳责备扫罗没有杀掉亚迦格一幕将使人了解这部戏剧的精神所在。

撒母耳:上帝命令我告诉你,他后悔让你当了国王。

扫罗:上帝后悔!只有那些犯错误的人才会后悔。他具有永恒的智慧,不会有不明智之举的。上帝不会犯错误。

撒母耳:他会为让犯错误的人登上王位而后悔。

扫罗:唷,谁不会犯错误呢?请告诉我,我犯了什么错误?

撒母耳:你饶恕了一位国王。

亚迦格:怎么回事!难道在犹地亚把最美好的德行当成罪行?

撒母耳:(对亚迦格)住口!不许亵渎神圣。(对扫罗说)犹太人前国王扫罗,难道上帝没有叫我转达命令,要你消灭所有的亚玛力人,不论妇人、少女、哺乳的婴儿都不放过?

亚迦格:你们的神下这样一道命令!你弄错了吧,你是说你们的魔鬼下的命令吧。

撒母耳:扫罗,你服从上帝了吗?

扫罗:我以为这样一个命令不是绝对的。我想仁慈是上帝的头一个表征,所以怜悯之心不会触怒上帝。

撒母耳:不信上帝者,你弄错了。上帝谴责你,你的王节要交给别人。

恐怕没有哪位作家比伏尔泰在基督教世界更遭仇恨的了。他被视为一种反基督的人，这是很自然的。他对基督教的许多攻击在当时产生了巨大的效果。但他有时也遭到谴责，理由是他在推倒的地方没有致力于建设，只是破坏。这是一种眼光短浅的抱怨。我们可以答复说，当一个城里的下水道散布瘟疫时，我们不能等到有了一条新的排水体系后再去铲除它。我们完全可以说，当时法国所举行的各种宗教活动就是一条有毒素的下水道。不过真正的答复是，知识，从而文明的进步，既要靠建设和积极的发现，也要靠批判和否定。如果一个人具备有效地攻击虚伪、偏见和欺骗行为的才能，运用他的这种才能就是他的职责，如果有什么社会职责的话。

至于建设性的思想，我们必须转到法国思想界另一位伟大的领袖卢梭，他以另一种方式对思想自由的成长做出贡献。他是一位自然神论者，然而他的自然神论与伏尔泰的不同，是虔诚和富有感情的。他以一种虔诚的怀疑主义来看待基督教。但是他的思想是革命的和反对正统派观念的；在各个领域反对权威；具有巨大的影响。教士们对他的理论或许比对伏尔泰的嘲弄和否定的意见更害怕。有好些年他到处流亡。《爱弥儿》是他对教育理论的卓越贡献，出版于1762年。其中“一位萨瓦牧师的信仰”是有关宗教的值得注意的几页，文中有力地肯定了作者的自然神论的信仰并否定了天启和神学。这本书在巴黎被当众烧毁，发布了逮捕卢梭的命令。朋友们催促他逃亡，他被禁止回日内瓦，因为该州的政府也仿效巴黎的榜样。他设法逃入伯尔尼州，又被命令离开。于是逃到附属于普鲁士的纳沙泰尔公国。弗里德里希大王，这位在那个时代真正具有宽容思想的统治者,给予他保护,但是他受到当地教士们的困扰和诽谤,要不是有弗里德里希,就会被驱逐出去。他又到英国去住了几个月(1766 年),然后回到法国,未受折磨直至去世。卢梭的宗教观点只是他的许多异端思想中的很小的一部分。他通过大胆的社会的和政治的理论在全世界纵火。他在《社会契约论》中阐述这些理论,该书在日内瓦被焚毁。虽然他的思想原则会一时经不住批判,虽然他的学说由于具有把人变成狂热分子的非凡力量而造成灾祸,然而他有助于使特权者丢脸,并建立了国家的宗旨在于保障全体成员的福祉的观点,因而对进步做出贡献。

自然神论,不论是卢梭的半基督教式的还是伏尔泰的反基督教式的,都是建立在沙子上的房屋,法国、英国和德国兴起的思想家破坏了它的基础。在法国,自然神论表明只是走向无神论的半途旅店。1770 年,法国的读者因霍尔巴赫男爵[1]的《自然体系》一书的发表而感到震惊,书中否定上帝的存在和灵魂不灭,宣称地球是自动运动着的物质。

霍尔巴赫是狄德罗[2]的朋友,狄德罗也已变成反自然神论者。所有反对教会的主要思想都在狄德罗的一部大书《百科全书》中有一席之地,许多主要的思想家都在这部书的编写中与他合作。这不仅是一部科学参考书。它是整个反对宗教信仰运动的代表。这部书旨在引导人们从基督教及其原罪论转向一种新的世界观,世

① 霍尔巴赫(1723—1789),原名亨利希·梯特里希(Heinrich Dietrich)18 世纪法国启蒙思想家。

② 狄德罗(Denis Diderot,1713—1784),18 世纪法国启蒙思想家。——译者

界可改造成适宜人居住的地方，世界上实际的弊病并不是由于人性中与生俱来的错误造成的，而是由于倒行逆施的制度和乖张扭曲的教育造成的。把人们的兴趣从宗教的教义转向社会的改善上，使全世界相信人的幸福不靠《启示录》而是依靠社会改革，这就是狄德罗和卢梭以各自不同的方法做出种种努力要达到的目的。他们的工作还影响了那些没有放弃正教的人；影响了教会本身的精神。把法国天主教 18 世纪的情况与 19 世纪的情况对照一下，要是没有伏尔泰、卢梭、狄德罗及他们的战斗伙伴们的工作，教会会改革吗？“基督教教会按他们的信仰所允许的，尽快吸收那些已背弃所有教堂并被通通斥责为人类灵魂之敌的先生们的新见解、更宽厚的道德观念和更崇高的精神。”（引自莫利勋爵的话）

在英国，流行的自然神论思想没有达到像在法国那样的思想影响；然而 18 世纪英国最伟大的哲学家休谟表明，人们通常举出一个人格化的上帝的论据是站不住脚的。我可以先谈谈他在他的《论奇迹》的论文和《人类理智研究》（1748 年）的哲学著作中关于奇迹的讨论。到那时为止，关于奇迹的可靠性问题从未受到独立于神学臆说之外的一般检验。休谟指出，必须有与种种奇迹事件相反的大家一致的经验（否则不值得称为奇迹），而要证实一个奇迹较之证实一件与经验不矛盾的事需要有更强有力的证据，他定下一般准则，“认为一个证据除非属于一种其虚妄会是较之它力图证实的事实更不可思议的，否则没有什么证据足以证实一个奇迹。”然而事实上不存在能证明虚妄是一种奇迹的证据。在历史上，我们未能发现有任何奇迹得到足够数量的人证实，这些人具有无可非议的明智的判断力、受过教育、富有学问，使我们不必担心他们自己有受迷惑的危险;他们具有确实无疑的正直品质,使大家根本不会怀疑他们有任何欺骗他人的意图;他们在众人眼中具有很高的声望,要是被发现有任何虚妄就会使他们遭受巨大的损失,同时证实如此公开方式的表演被人识破是不可避免的种种事实——所有情况要求在人们的证明方面要给我们充分的保证。

在他去世后(1776年)才出版的《自然宗教对话录》中,休谟攻击了"意匠论",自然神论者和基督教徒都据此以证明上帝的存在。这种论点认为宇宙呈现出明显的意匠痕迹,无限使手段适应达到目的,这只能解释为出之于一位强有力的大智者的深思熟虑的设计。休谟驳斥这种推论,理由是仅仅是一位大智者并不足以成为解释结果的因,因为论证必须是,物质世界的体系要求有一套相互联系的思想的相应体系作为其因;而这样一种思想体系也要求对它的存在有如物质世界一样充分的说明;这样一来,我们就不得不陷于没完没了的原因的求索中。无论如何,即使这种论证站得住,它要证明的仅是存在这样一位上帝,这位上帝虽然比人类高超,但力量很有限,本领可能很不完善。因为这个世界与更高的标准比较起来可能还有很多缺点。这可能是"某个未成年的神的"最初的粗陋的实验,"后来对他的有缺陷的功绩感到羞愧就又把它放弃了";或许是会遭到其上级嘲笑的某位低级的神的作品;或许是某个老朽昏庸的神的产品,自他去世后,这个世界继续进行那被他最初推动的冒险生涯。一个让这样一些神来回转的论证,对于自然神论或基督教的目的来说,比毫无用处还要糟糕。休谟的怀疑主义哲学对公众的影响还不及吉本的《罗马帝国衰亡史》。在18世纪英国出版的许许多多自由思想的著作中,此书是唯一至今仍拥

有广大读者的经典作品。在约翰逊博士的女朋友所称为“令人不快的两章”(第 15 章和第 16 章)中,基督教的兴起与成功的因由第一次被当作一种简单的历史现象予以批判研究。像当时大多数自由思想家一样,吉本认为为保护自己及自己的著作免遭控告,最好对正教教义讽刺性地致以口头上敷衍的敬意。但即使没有这种危险,他也只会选择讽刺这一他挥洒自如的最锐利的武器,以对正统派意见进行毫不留情的批评。在指出了基督教的胜利已根据教义的令人信服的证据和伟大创造者支配一切的神意得到了显而易见和圆满的解释后,他进而以“合适的谦恭态度”探究次要的原因。他追溯信仰的历史直到君士坦丁时代,明白地提示,神的干预的伪设是多余的,我们必须解决的是一个纯粹人类发展问题。他以讽刺性的抗议方式,列举了对证明超自然的支配的所谓证据许多明显的反对意见。他自己并不批评摩西和先知们,而是援引了那些用“诺斯提派的虚妄的科学”来反对他们的权威的反对意见。他指出,在摩西戒律中,灵魂不灭的教义被删掉了,但这无疑是上帝的一种神秘的处理。我们不能完全去掉“如此蛮横地加在第一批改宗基督教者头上的无知和卑贱的诽谤”,但是我们必须“把遭受诽谤的情况转变成启发人的题目”,并记住“我们把第一批基督教徒在尘世的处境降得越低,就将越更有理由去赞美他们的品德和业绩的”。

吉本从纯历史的观点来论述奇迹(见前第 150 页[原书页码。——译者],他深受米德尔顿的影响)特别使人感到窘困。在基督教早期,“自然规律也往往为教会的利益而暂时不起作用了。但是,希腊和罗马的圣哲们却不理睬这些惊人的奇迹,只一味忙于日常的生活与学习,对于受着精神或物质统治的世界的任何改变,似乎完全无所觉察。在提比略统治时期,整个世界,或至少在罗马帝国的一个著名省份,出现过 3 小时违反自然的天一片漆黑的情景。甚至如此神奇的理应引起人类的惊愕、好奇和虔诚的事件,在一个注重科学和历史的时代,竟然无人注意,就那么过去了。这件事发生在塞内加和老普林尼在世的时代在世的时代,他们一定亲身经历过这一事件,或很快便得到关于这事的信息。这两位哲学家都曾在他们的苦心经营的著作中,记录了他们的不倦的好奇心所能搜集到的一切重大自然现象,如地震、流星、彗星和日月蚀等。但是他们对于自世界被创造以来凡人的眼睛所曾亲见的那一最伟大的奇观,却都略而未谈。""异教和哲学世界对于万能的上帝,不是向他们的理性,而是向他们的感觉亲手提出的证据,竟如此毫不注意,我们又如何能原谅呢?"[①]

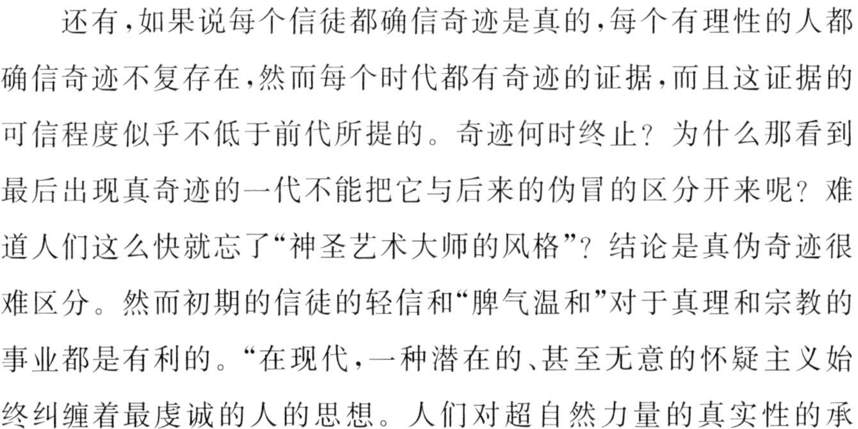

还有,如果说每个信徒都确信奇迹是真的,每个有理性的人都确信奇迹不复存在,然而每个时代都有奇迹的证据,而且这证据的可信程度似乎不低于前代所提的。奇迹何时终止?为什么那看到最后出现真奇迹的一代不能把它与后来的伪冒的区分开来呢?难道人们这么快就忘了"神圣艺术大师的风格"?结论是真伪奇迹很难区分。然而初期的信徒的轻信和"脾气温和"对于真理和宗教的事业都是有利的。"在现代,一种潜在的、甚至无意的怀疑主义始终纠缠着最虔诚的人的思想。人们对超自然力量的真实性的承

① 译文引自黄雨石等译:吉本:《罗马帝国衰亡史》节译本,商务印书馆 1997 年版。——译者

认，多半都不是主动地欣然同意，而只是一种冷漠、被动的认可。我们的理智，或至少是我们的想像，已长时间习惯于观察并尊重大自然始终不变的秩序，对于亲自去观看可见的神的行动实在缺乏足够的心理准备。”

下一世纪的人对吉本使用的材料作了详细的批判工作，吉本丝毫没有这个有利条件，但是他巧妙地揭露早期教会的传统历史，在许多重要问题上，至今仍十分正确。我想，较之伏尔泰的射箭，他的炮轰对随后几代知识分子的思想已产生更大的作用。因为他的著作成了不可缺少的中世纪史名著，最正统派的研究也少不了它；所以毒药必定经常发挥药性。

我们已经看到，18 世纪前半叶的神学论战是如何转到天启宗教与自然宗教是否一致和不矛盾的问题上来的。在这方面，自然神论者的攻击到了 18 世纪中叶已筋疲力尽，而正教认为他们已得到称心如意的答复。但是这不足以表明，神的启示是合乎道理的；必须证明它是真实的，并有坚实的历史根据。这是休谟和米德尔顿在批判奇迹时（1748 年）尖锐地提出的问题。佩利在他的《基督教的证据》一书（1794 年）中给了最有力的答复，这是那个年代的一些辩解著作中唯一一本至今仍有人阅读的书，尽管它已不再有什么价值。佩利的神学说明，正统派思想为何不自觉地染上时代精神的色彩。他在《自然神学》一书中用意匠论来证明上帝的存在，一点也不考虑休谟对这种论点的批评。正像一个钟表匠从钟表做出推论一样，一个神圣工作者就从自然的设计安排推论起。佩利主要拿人类身体结构和器官来作为这种设计的例子。他心目中的上帝是一个能处理顽固材料的机灵设计者。佩利的“上帝”,莱斯利·斯蒂芬说,“已是像人类一样受过文化教育,他已变成很懂科学和很机灵的人;在设计机械和化学制品方面胜过瓦特和普里斯特利,因此他的形象也被塑造成瓦特和普里斯特利辉煌显赫时代那一代人的样子。”这样的上帝既已竖立起来,创造奇迹就没什么困难了,而佩利正是根据奇迹为基督教辩护的,其他论证都属于次要。他关于《新约》奇迹的证明是,亲眼目睹奇迹的使徒们相信这些,否则他们不会为他们的新宗教事业采取行动和受苦受难了。佩利的辩护是执行了作为上帝的一个有才能的法律顾问的工作。

18世纪英国自然神论作者名单上的最后一位是一位较其任何一位前辈都更有名的托马斯·潘恩。他是诺福克郡人,移民美洲,在美国独立战争中起过主导作用。后来回到英国,并在1791年分上下册出版了《人权论》一书。我过去几乎专注于宗教中的思想自由,因为这可以作为一般的思想自由的寒暑表。在这个时代,发表政治上的革命言论同发表宗教上的革命言论一样危险。潘恩是美国宪法的热情赞美者和法国大革命的拥护者(他也在其中起过作用)。他的《人权论》是对君主政体的控告,并主张实行代议制民主制度。此书销路很大,又出了平装版,政府发现这是较穷的阶级容易接触到的书,决定对之提起公诉。潘恩逃到法国,在加来受到热烈的欢迎,并被选为法国国民议会代表。1792年末开审他犯有叛国罪。在他的书里,有几段被据以指控的话如下:“所有世袭的政府本质上都是暴政。”“不久,英国就会因自己到荷兰、汉诺威、策尔或不伦瑞克去迎请一些人[指威廉三世和英王乔治一世]而发笑”,“那些人既不懂英国的法律、语言,也不了解它的权益,他们的本事连当个教区警官都几乎不够格,而每年都为之花上上百万的花费。如果政府可以付托给这样一些人,那必然是很简单容易的事,在英国每一个城市和乡村都可以找到适合这个用途的人才。”厄斯金(Erskine)是佩恩的辩护律师,他作了一篇为言论自由辩护的美妙的讲演。

他说,“压制自然就产生反抗,而且富有意义地证明,理性并不袒护运用压迫手段的那些人。先生们,你们大家一起记得卢奇安的有趣的故事:朱庇特和一个乡下人同行,一路谈着天上人间的事十分自由和融洽。乡下人用心地听着,当朱庇特只力求要他确信时就勉强表示同意,但是偶尔暗示有点怀疑时,朱庇特就急忙转过身来并以他的雷电来威胁乡下人。‘啊,哈’乡下人说,‘朱庇特,现在我明白你是错了;当你求助于你的雷电时,你总是错了。’我的情况也是这样。我能够同英国的人民讲理,但是我不能和当局的雷电作斗争。”

潘恩被判犯罪并被剥夺了法律的保护。由于出版了一部反基督教的著作《理性的时代》(1794 和 1796 年),他很快又犯了新的罪行,他曾被罗伯斯庇尔投入牢狱,此书就是在巴黎牢狱中开始写的。这部书很著名,因为它是第一部在书中以不加掩饰和无保留的语言攻击基督教拯救的荒谬说法和《圣经》的重要英语出版物。其次,书的写法接近人民大众。第三,虽然以与初期自然神论者同样的倾向批评了《圣经》,但潘恩也是头一个有力地披露基督教对于宇宙的解释与天文学所得出的宇宙观念不一致的人。

“虽然基督教体系中没有一条直接条文说我们所居住的世界

是整个可居住的地球，然而都是按这种想法展开的——从所谓摩西关于创世的叙述，夏娃与苹果的故事以及那个故事的对应部分，'上帝之子'之死说起——如果相信别的说法(如相信上帝创造了许多世界，其数量最少和我们称之为星星的一样多)那就使基督教信仰体系立即变得渺小而可笑，并使它像羽毛散飞在空中一样，在人们心中化为乌有。同一个人心中不能持有这两种信仰，如果他认为他两者都相信，则他对随便哪一个也没怎么想过。”

作为一个视自然界是上帝的启示的热心的自然神论者，潘恩不遗余力地强调这一论点。在提到《旧约》中某些故事时，他说：“当我们冥想到上帝的无穷尽的力量，他指挥并统治着广大无边的统一体，人类眼光最远的视野也只能看到其中一部分，我们应当为把这些不足取的故事说成'上帝的话'感到可耻。”

这本书招致了沃森主教的反击，他是 18 世纪那些令人钦佩的神职人员之一，承认人有持一己之见的权利，并认为辩论应通过辩论来解决，而不应用武力解决。他的答复有一个较有意义的书名，《为〈圣经〉辩护》。乔治三世说，他不知道《圣经》还需要什么辩护。辩护是软弱无力的，但它引人注目的是勉强承认潘恩对《圣经》的几处批评；这些承认正适于损害《圣经》无谬误的教条。

《理性的时代》一书发行量很大，其结果无疑地使一个“扑灭罪恶社”决定起诉出版商。统治阶级的成员普遍不信仰宗教，但他们坚持一种观点，认为宗教对民众是必需的，任何企图在低层阶级中散布不信仰宗教的观点必须予以禁止。宗教被视为使穷人守秩序听指挥的一件宝贵工具。在早期的理性主义者中(除了伍尔斯顿案件外)，唯一受到惩治的是彼得·安内特，这是值得注意的。

他是一位教师，试图普及自由思想，被以散布“恶魔”言论的罪名判处上颈手枷示众和苦役(1763年)。潘恩认为普通人民有权接触各种新思想，所以他写书给人民看。因此他的书必然遭禁。在1797年审判中，法官对辩护设置种种阻挠。出版商被判监禁一年。

对潘恩的迫害并没有到此为止。1811年，《理性的时代》第三册出版，出版商伊顿被判处监禁18个月，每月还上颈手枷示众一次。法官埃伦巴勒勋爵在指控中说：“我们绝不允许否定作为我们信仰基础的这本书的真理。”诗人雪莱致函埃伦巴勒严厉批评了他。“你是否认为通过加重伊顿先生生存的痛苦就可使他皈依你们的宗教？你可以用严刑拷打逼他承认你们的信条，但是除非你能把这些信条变成可信的，否则他不会相信，而这或许不是你的权力能够做到的。你是不是想以此显示你的热诚来取悦你所崇拜的上帝？如果是这样的话，有些国家用人献祭的魔鬼可没有文明社会的神野蛮！”1819年，理查德·卡莱尔因出版《理性的时代》被起诉，并被处大笔罚款和监禁三年。因付不起罚款，他又被继续监禁三年。他的妻子和姊妹继续营业并出售这部书，后来很快被课以罚款和监禁，全店店员也遭到罚款和监禁。

如果说出版潘恩著作的人在英国受罪，作者本人则在美国受苦，那里的顽固分子千方百计地加重他晚年生活的痛苦。

18世纪中叶，在德意志开始了启蒙时代。在大多数德意志邦国，思想大大不如英国自由。在弗里德里希大王之父统治时期，哲学家沃尔夫由于对中国圣人孔夫子的道德说教说了赞美的话而被从普鲁士放逐国外，据认为这些赞美的话应保留给基督教。弗里德里希即位后他得以返国。在弗里德里希的宽容统治下,普鲁士成了周边国家那些因其言论而受难的作者们的避难所。弗里德里希实际上持有当时英国许多理性主义者所持的观点,即认为自由思想对于民众来说是不适宜的,因为他们不能理解哲学;至今仍有很多人持有这种观点。德意志感受到英国的自然神论者、法国的自由思想家和斯宾诺莎的影响,但是在这段时期德意志的理性主义的传播中,没有什么很有独创性的或令人感兴趣的观点。我们可以提一提埃德尔曼和巴尔特的名字。埃德尔曼攻击了《圣经》中神的启示,他的一些著作在一些不同城市被焚,被迫到柏林寻求弗里德里希的保护。巴尔特较这时的其他作家行动更为积极。他原本是个传教士,后逐步逐步地背离了正教信仰。他翻译《新约》,从而停止了教会工作。晚年他是个旅店主。他的一些著作,以著名的《关于〈圣经〉的信札》为例,要是我们可以根据他在神学家中引起的敌意来判断的话,必定有过相当大的影响。

然而,这一世纪的德意志启蒙运动,不是在直接的理性主义传播中,而是在文学和哲学中表达出来。最卓著的文学家歌德(他深受斯宾诺莎影响)和席勒是教会的局外人,他们作品的影响以及那个时期整个文学运动的影响有利于对人类经验作最自由的探讨。

有一位德意志思想家震撼了世界,这就是哲学家康德。他的《纯粹理性批判》一书表明,我们要是企图以理性的见解来证明上帝的存在和灵魂不灭,我们就会毫无办法地陷于自相矛盾之中。他对于意匠论和一切自然神论的毁灭性批评比休谟的批判还要全面;而他的哲学,尽管体系不同,却得出与洛克的理论同样的实际结果，把知识限于来自经验。的确，后来他为了伦理学，试图从后门偷偷把那个曾被他从前门驱逐出去的上帝又请回来，但这个企图没有成功。他的哲学虽然通向一种新的思辨体系，在其中上帝的名字是用来指某种完全不同于自然神论概念的东西，然而是把理性从权威的束缚中进一步解放出来的重要的一步。

第七章　理性主义的前进
（19 世纪）

由哥白尼的研究预示其来临的现代科学，于 17 世纪打下基础，其间经历了对哥白尼理论的证明、万有引力的发现、血液循环的发现，以及现代化学和物理学的创立。彗星的真实性质已弄清楚，不再被看作天罚的朕兆。但是，要经过几代人的时间，科学才在新教国家成为神学的一个不自觉的大敌。在 19 世纪之前，只在一些次要的方面，诸如地动说这类科学，证实科学的事实似乎与《圣经》有冲突，但只要对圣书来一个新解释，就很容易地把这些不一致的现象解释掉了。然而引人瞩目的事实日益增多，即使不用科学来解释，似乎也威胁到《圣经》历史的可信性。如果说诺亚方舟和洪水的故事是真实可靠的，那些不会游泳飞翔的动物怎么会栖息在美洲和大洋的一些岛屿上？在新大陆不断发现许多在旧大陆并不存在的新物种是怎么一回事？澳大利亚的袋鼠从哪里来的？看来唯一能与公认的神学不矛盾的解释是伪设在洪水过后上帝又有很多新的创造。正是在博物学的领域，18 世纪的科学家遭受到当局的压制最甚。林耐在瑞典、布封在法国都受到压制。布封被迫撤回他在《博物学》（1749 年）一书中提出的关于地球形成的伪设，并声明他绝对信仰《圣经》中关于“创世”的记述。

19 世纪初，拉普拉斯根据星云说研究出宇宙构成。正如他向

拿破仑所说的，他的研究结果不需要上帝这个伪设，这当然受到谴责。他的理论涉及地球和太阳系形成之前的一个漫长的自然过程；但是这对于神学还不是致命伤，稍施巧计就可保住《创世记》第一章的信誉。地质学表明自己是《圣经》中“创世”和“洪水”故事的更可怕的敌人。法国博物学家居维叶的理论认为，地球曾一再经历过灾变，每次灾变后就需要新的创造，这有助于暂时保全神的干预的信仰；而赖尔在他的《地质学原理》(1830 年)中，虽然因表明地球的历史可以用我们至今仍看到在运转的正常过程来解释，从而打破了灾变说，可是仍紧紧抓住接连不断创造说不放。直到 1863 年在他的《古人类》书中，才充分呈现证据，说明人类在地球上栖息时期远较《圣经》记载的久远得多，无法一致起来。只要把犹太教关于创世故事中的“日”字的意思说成是指一段较长的时期，那个《圣经》记载就可使不仅关于地球本身而且还有植物和低级动物的创造适应科学研究的结果。但是关于创造人的情况，这个办法就不可能用了，因为神圣的编年表是十分确定的。17 世纪一位英国神职人员别出心裁地推算出，人类是在公元前 4004 年 10 月 23 日上午 9 时被三位一体的上帝造出来的，而不考虑到《圣经》日期能把事件回溯得更远。还有别的证据增强了地质学做出的结论，然而仅是地质学就足以不可弥补地损害犹太教创世神话的历史真实性。唯一挽救办法是伪设上帝创造使人误解的证据是特意要欺瞒人类的。

地质学动摇了《圣经》无谬误说，但还留下创造多少是史前人物的亚当与夏娃的故事作为人们仍可接受的伪设。然而动物学又介入了，并就人类起源发表意见。过去有一个猜测，认为包括人类在内的高级形式的生命是从低级形式生命进化来的，而先进的思想家已得出结论，认为正如我们所察觉的，宇宙是一个不会受超自然的干预打断的持续不断过程的结果，并可以由始终如一的自然规律来解释。不过，虽然无生命的物质世界法则的支配似已得到承认，但只要科学还未能为各种不同的动植物的起源提出令人满意的解释，有生命的世界仍可被认为是神在其中干预之说完全站得住脚的领域。因此，1859 年达尔文《物种起源》的出版不仅是科学上的划时代事件，也是科学与神学之间的斗争的划时代事件。当此书出版后，威尔伯福斯主教(Bishop Wilberforce)说得对："自然选择的原理是与上帝的话不相容的。"像在英国一样，德意志和法国的神学家也大声疾呼，反对这威胁要推翻上帝的理论。1871 年，《人类的由来》出版，书中以高明的笔法列陈人类由低级动物进化的谱系的证据，又引起了轩然大波。《圣经》说，上帝按照自己的形象创造了人；达尔文说人类起源于类人猿。格拉德斯通先生的话可能表达了当时正统派的看法："根据所谓进化论的理由，上帝省去了创世的劳作，而以不可变更的自然规律名义，又解除了他统治世界的职务。"据斯宾塞说，这是免职，始于牛顿发现万有引力。如现在人们认识到的，即使达尔文没有对物种起源提供一个全面的说明，他的研究也粉碎了超自然理论，而且证实了许多有才能的思想家的见解，他们曾认为不论在有生命或无生命的世界，进化是持续不断地在进行着。这是促使创世说和亚当堕落说早日消亡的另一个打击，而赎罪的教条只有摆脱它所根据的犹太教神话才可能得到挽救。

现在人们所称的达尔文主义，还有更大的效果，它使人不再相

信,自然界有一个外在的无限有力的大智者使手段顺应目的的理论。休谟与康德的逻辑已表明,证明上帝存在的意匠论是不适当的,而对于自然界生命过程的观察则说明,意匠论所依据的自然与神工艺术十分类似的说法崩溃了。一位德意志著作家朗格(兰克?)已有力地指出,这种类比很不恰当。如果一个人要射击某一块地里的一只野兔,他不必围绕这块地用几千支枪齐射;或是一个人要一所房子居住,他不必造一整个城市,而除自己留下一所房子外,其余的任凭风吹雨打以致坍塌。要是这两桩事无论哪桩他干了,我们就会说他疯了,或是愚蠢得令人惊讶;他的行为肯定不会被认为是一个擅长于使手段顺应目的的大智者所为。然而这些做法倒像是自然界发生的事。自然界对在繁殖生命过程中造成的浪费满不在乎,为产生一个生命牺牲了无数胚芽。成千上万中只有一个达到"目的";破坏和失败是常事。如果说智慧与这种笨拙的方法有什么关系,那该是一种非常低级的智慧。而如果把这成品视为意匠之作,那表明设计者能力很不够格。拿人的眼睛来说,一位著名的科学家亥姆霍兹(Helmholtz)说:"要是一位眼镜商把它送来给我作为工具,我就要把它退回去并指责他的工作太粗糙,要求把钱退还我。"达尔文指出,自然现象可以说明,事件并非有人有意造成,而是由于异常的情况巧合而形成的。

自然现象是一种按不变的规律共存和相随的事物体系。19世纪初期,这一对神学是致命的命题就被提出来作为科学的通则。由穆勒在他1843年出版的《逻辑体系》中予以系统的表述,成为科学的归纳法依据的基础。它的意思是,整个宇宙在任何片刻的状态是前一个片刻的状态的结果;两个接续的状态的因果关系绝不会被任何横加干涉所打破,从而制止或改变因果之间的关系。某些古希腊哲学家确信这个原理;现代科学在各个领域的成就看来证实了这一理论。但是不需要以这样绝对的方式来表述。近年来,科学家们倾向于以较为有保留并较少武断的态度来表述这一通则,他们准备承认,这只是个伪设,如果没有它,科学地理解宇宙就不可能,他们倾向于不把它表述为因果律,因为因果关系的观念会导致形而上学观念,而宁可称之为经验的同一。较之前人承认因果律的例外情况来说,他们不大轻易地承认这种经验的同一有例外情况。

进化的观念不仅适用于自然界,而且也适用于人的思想和包括思想与宗教在内的文明的历史。第一位试图有条不紊地把这一观念应用于整个宇宙研究的不是自然科学研究者,而是一位名叫黑格尔的形而上学家。黑格尔极其难懂的哲学学说对思想有广泛的影响,所以我们必须稍谈一点他的学说。他把存在的整体设想为他所称的"绝对观念",它不是在空间或时间中,而是受物自体的法则所迫使,在宇宙的过程中显示自身,首先使本身外化为自然界中的客观存在,然后逐渐产生自我意识,如各个个人思想中的精神。因此,他的哲学体系被称为绝对唯心主义(Absolute Idealism)。这个体系所产生的吸引力可能很大程度上是由于它与19世纪的思想协调一致这一事实,就它所设想的不论是自然界还是精神世界的进展过程来说,都认为从低级到高级是一种必然的发展过程。在这方面,黑格尔的想像力是有局限的。他把这个过程看成仿佛实际已完成了的,而没有考虑到将来进一步发展的可能,而同时代的其他思想家就注意到了这一点。然而在这里我们所关注的是,

尽管黑格尔的体系是唯心的，它从思想而不是从物质去寻求对宇宙的解释，但它同任何唯物主义的哲学体系一样发挥了很大的作用，有助于推翻正统信仰。不错，有的人曾断言，他的哲学体系支持基督教。黑格尔认为基督教作为最崇高的宗教，包含有一些不完整地表达了最崇高的哲学（即他自己的哲学）的某些观念的教义；再加上他有时把绝对观念讲得像一个人一样的事实，尽管比拟人格是与他关于绝对观念的构想不一致的一种局限性，这些都使上述说法像真的一样。然而只要看他如何评价基督教就够了。他从一种纯理性哲学的更高的立足点来看基督教，不是把它看成是真理的特殊启示，而是看成只有哲学去达到的真理的一定程度的近似；而且人们可以有几分把握地说，任何为黑格尔迷住的人会认为，他拥有一种宇宙理论，这种理论使他解脱了对任何天启宗教的需要和期望。他在德意志、俄罗斯以及其他地方的影响完全有利于极其非正统的思想。

黑格尔不是积极行动的人，而是很高超。与此同时代的法国人孔德也想出一套完整的体系，积极行动并明确否定了神学，认为那是一种对宇宙的过时的解释。他同样也否定了形而上学以及黑格尔所主张的一切，认为同样没有用途，理由是形而上学不能解释任何事物，只不过用抽象名词描述了现象，而关于宇宙的起源和它为什么存在的问题完全是理性所不能解答的。不论神学还是形而上学都已被科学所取代，科学研究因果和共存现象；社会未来的进步将由科学的世界观来指导，而科学的世界观以经验实证的资料为限。孔德确信宗教是一种社会需要，为取代被他宣告为注定死亡的各种神学宗教，他创立了一种新宗教——“人道教”。它不同于世界上各大宗教,没有超自然或非理性的信仰条文,而信徒很少。但是孔德的“实证哲学”曾产生巨大的影响,在英国影响也不小,它的原理特别得到弗雷德里克·哈里森先生(F. Harrison)的传播,在19世纪后半期,哈里森孜孜不倦,不屈不挠地为了理性反对权威。

英国人赫伯特·斯宾塞创立了另一套完整的哲学体系。像孔德的哲学一样,它建立在科学的基础上,并试图表明,从星云系宇宙开始,不论是精神的、社会的以及物质的整个可知世界,都是可以推断的。他的《综合哲学》在使进化论观念在英国变成人人皆知方面或许贡献尤其大。

我必须提到另一种对世界的现代解释,即海克尔(Haeckel)的解释,他是动物学家,德国耶拿大学教授,可以称为进化论的提倡者。他的《人类的创造》(1868年)一书涉及的面与达尔文的《人类的由来》相同。该书销售很广,我相信已被译成了14种文字。他的《宇宙之谜》(1899年)同样很著名。像斯宾塞一样,他讲授说,进化论的原理不仅适用于自然史,而且也适用于人类文明和人类思想的研究。不同于斯宾塞和孔德的是,他没有假设在自然现象背后有任何不可知的实体。反对他的人通常把他的理论诬称作唯物主义,但这是个误解。像斯宾诺莎一样,他承认物质与精神、肉体与思想是他称作上帝的最高实在的两个不可分离的方面;事实上他认为他的哲学是与斯宾诺莎的哲学一致的。他又从逻辑上进而设想物质的原子是思考。他关于物质世界的观念是建立在旧的机械论物质观念的基础上,这种观念近年来已遭到怀疑。但是海克尔的“一元论”(Monism[①],他自己为他的理论起的名称)近来经过改造,其新形式有望在德国思想界产生广泛的影响。后文我将回过来谈谈这个“一元论”运动。

孔德的一个基本原理是,人类行动和人类历史像自然界一样严格服从于因果律。1855 年,英国出版了两本心理学著作(贝恩的《感觉与理智》和斯宾塞的《心理学原理》),都使我们认识到,我们的意志是完全确定的,因为这是因果链中不可避免的结果。而两年后巴克尔的《英国文明史》(一部很少有永久价值的著作)第一卷给人们留下了远为深刻的印象,此书试图把这一原理应用到历史上。他认为人们的行动是动机的结果,而动机又是前事的结果;所以“如果我们熟知全部前因及其运动的全部规律,我们就能确定无误地预示整个直接结果”。于是,历史是一个打不断的因果链。偶然性被排除了;它只不过是我们知识缺陷的一个名字。神秘的和天意的干预也被排除了。巴克尔坚信上帝存在,但却把他逐出历史;他的书给予那种认为人类行为不受制于普遍因果律的理论以彻底的打击。

人类学近年来引起了广泛的兴趣。对古代人类状况的探究(与达尔文主义无关)已表明,那种认为人类从较高的状态堕落到较低的状态的说法毫无根据;证据指出人类是从动物生态缓慢地进化上来的。宗教信仰的起源也有人研究,其结果使正教感到不安。人类学与比较宗教的研究者,诸如泰勒、罗伯逊·史密斯和弗雷泽的研究都表明,被认为基督教因天启独有的神秘的观念、教条

① 源自希腊文 Monos,意为“单个”。

和仪式,类似原始宗教的不成熟观念。他们认为圣餐礼可与异教中吞食死神的仪式相比,而形成基督教的重要事实的神以人的形式死而复活以及救世主的奇迹般的诞生都是与异教宗教共有的特点。这样一些结论都使基督教陷于十分难堪的境地。有人可能会说,结论本身对于当时的神学主张并非致命的。例如,人们可以认为,作为基督教启示的一部分,这类观念获得了一个新的意义,认为是上帝聪明地利用了人们熟悉的各种信仰,这些信仰尽管是不正确的并导致残酷行径,但他自己不可否认地允许了,为的是要构成一种投合人们偏见的赎罪的格局。对这种解释,有的人思想上可能感到满意了,但是我们觉得,少数研读对各种宗教信仰根源的现代研究的人,大都会觉得那些据说是区分基督教与其他各种信仰的界线在他们眼前消失了。

包括人类学在内的科学进步的总结果,已经产生一种有条理的宇宙观,基督教是根据不懂科学时代的见解和妄自尊大地以为宇宙是专为人而造的设想建立起来的,在这种世界宇宙观中没有合适或合理的地位。如果说潘恩早在一百年前就认识到这一点,那么现在就更明显了。然而,并不是所有的人思想上都同样深深认识到这种不协调的情况。有许多人承认科学所提出的关于《圣经》中古代人类的记载是不正确的证据,但并没有受科学的与神学的宇宙观念不协调的影响。

对于这样一些人的思想来说,科学只不过成功地夺取了几个阵地,这些阵地本来不受多大损害就会被放弃。它使《圣经》无谬误的正统观点站不住脚,并推翻了“创世和堕落”的教条。但是,如果自然科学的证据是唯一与基督教冲突的一些事实,通过更改关于《圣经》权威性的理论，和修正赎罪的理论，基督教仍可能坚持其超自然的主张。有人会辩解说，万有的因果律是从经验中推导出的一种假设，但经验包括历史的证据，因此必须计及《新约》中一些奇迹般事件的明显证据（即使圣书不是受神启示写的，证据也是确凿的）。这样一来，又可以以历史事实的坚实根据来采取反对科学概括归纳的立场了。然而，这种坚实的根据已被历史主义的考证所破坏、摧垮了，历史主义的考证较之18世纪常识的批评还要致命。

把《圣经》当作纯粹人类文献来研究，对其中包含的记载进行有条不紊的审察是19世纪的工作。实际上有的工作以前已经有人做了。例如，斯宾诺莎（见前文第138页[原书页码。——译者]）和西蒙（一位法国人，其书被焚）就是先驱者。现代对《旧约》的考证是由巴黎的一位医学教授阿斯特律克（Astruc）开始的，他发现了区分《创世记》编撰者所使用的不同文献的重要线索（1753年）。他同时代的德国人雷马鲁斯（Reimarus），一位《新约》研究者，早就提出了认为耶稣无意创立一个新宗教的现代结论，并且看出《约翰福音》所呈现的耶稣形象与其他福音书著者呈现的不同。

但在19世纪，德国学者所应用的对荷马和古代罗马历史记载进行考证研究的方法也用到对《圣经》的研究上。这一工作主要是在德意志完成的。旧传《旧约》五经[①]是摩西写的，现在已被完全推翻。现在，所有曾研究过这些事实的人都一致认为五经是由许

① 即《旧约》中的《创世记》、《出埃及记》、《利未记》、《民数记》和《申命记》。——译者

多不同年代的不同文献凑集在一起的,断定最早的年代是公元前 9 世纪,最晚为公元前 5 世纪,后来还有少量增补。一位英国人,纳塔尔的主教科伦索无意中对这种揭露做出了一个重要的贡献。以前人们认为,《创世记》第一章的记述是《圣经》中被辨认出的最古老的文献,但是令人难解的是,这一记述似乎与《利未记》中的律法有密切的关系,而《利未记》已可以证明是属于公元前 5 世纪的。1862 年,科伦索出版了《五经和〈约书亚记〉的考证研究》的第一册。他对于《旧约》历史的真实性发生怀疑是被一位改宗的祖鲁族人提醒的,此人提出一个聪明的问题,问他是否真的相信大洪水的故事,"地球上所有的飞禽走兽和爬行动物,不论来自寒热地区,不论大小,都成双成对地来到并进入诺亚方舟? 而诺亚为他们全体,肉食禽兽和其余的动物通通都准备了食物吗?"主教于是开始通过研究书中所包含的许许多多叙述来验证这神启书籍的准确性。其结果对于这些被当作历史记载的经书是致命的打击。

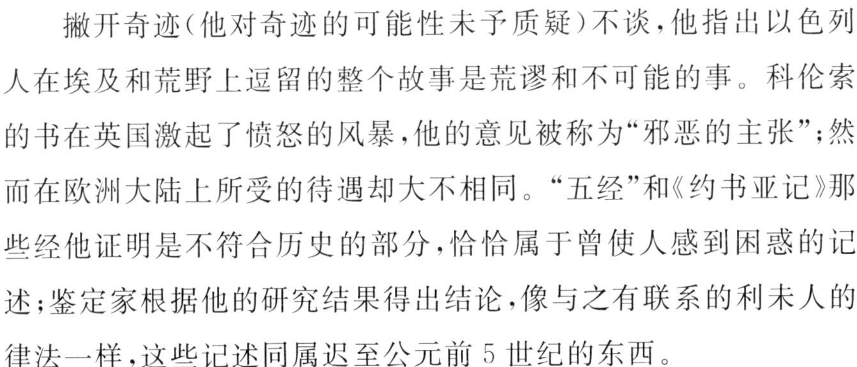

撇开奇迹(他对奇迹的可能性未予质疑)不谈,他指出以色列人在埃及和荒野上逗留的整个故事是荒谬和不可能的事。科伦索的书在英国激起了愤怒的风暴,他的意见被称为"邪恶的主张";然而在欧洲大陆上所受的待遇却大不相同。"五经"和《约书亚记》那些经他证明是不符合历史的部分,恰恰属于曾使人感到困惑的记述;鉴定家根据他的研究结果得出结论,像与之有联系的利未人的律法一样,这些记述同属迟至公元前 5 世纪的东西。

对《旧约》的研究的最显著成果之一是,认为犹太人自己在处理传说方面很随便。后来被编纂在一起的每一件相连接的文献,是由一些对待相传下来的古老传说态度十分随便的人编写的,他们没有觉得这些传说具有神圣的起源，也没有拜倒在其权威下。后来基督教徒才赋予这整个一大堆杂乱的犹太文献以确实可靠的权威性，这些文献不仅倾向不同（因为它们反映不同时代的精神），而且在某些方面内容也不一样。对《旧约》其他大多数篇章的审察研究得出的结论，也同样与有关其起源和性质方面的传统观点相左。从最近50年来重新发现的巴比伦文献中，我们得到了有关许多问题的新知识，最早（1872年）和最轰动的发现之一是，犹太人是从巴比伦神话中吸取关于洪水的故事的。

现代对于《新约》的考证始于鲍尔（Bauer）的和斯特劳斯（Strauss）的令人兴奋的著作，斯特劳斯的《耶稣传》（1835年）一书中完全否定了超自然的东西，此书取得巨大的成功，并引起热烈的争论。这两位理性主义者都受到黑格尔的影响。同时，一位古典学者拉赫曼通过出版第一部学术性的版本，奠定了对《新约》希腊文本考证的基础。自那时以后，70年的工作得到了某些公认的成果。

首先，凡研究过现代考证的学者没有人坚持旧的看法，认为四部耶稣传记[①]中的每一部都是独立的著作和关于所叙述事实的独立的证据。大家都承认，那些不止一种传记都有的并且用同样的语言文字写出的部分，是来源相同的而且只代表一种证据。第二，大家还承认，第一部福音书不是最古老的一部，并不是使徒马太写的。非常普遍的一致看法认为，马可福音是最古老的。第四部福音书的作者像第一部福音书一样，过去被认为是一位亲眼目睹耶

① 即《圣经·新约》中的四福音书。——译者

稣者写的。现在仍有争论,然而即使是坚守旧说的人也承认,它表述了一种与其他三部福音书作者观点大不相同的关于耶稣的理论。

研究的结果是,现在再也不能说,有关耶稣的生平有亲眼目睹者为证。最古老的记载《马可福音》最早是在耶稣被钉死在十字架上后约30年后写出的。如果这样的证据就认为够好的,足以证实那部福音中描述的一些超自然事件,那就很少有所谓超自然事件不值得我们相信的了,事实上,30年的间隔时间没有什么差别,因为我们知道,传说形成需要的时间很少。在东方,你会听到前天刚出现的奇迹。各种宗教往往诞生于神话传说之中,正如M.沙洛蒙·赖纳赫(M. Salomon Reinach)所说,如果说基督教诞生的故事是纯正的历史,那可是不可思议的事。

对前三部福音书进行毫无偏见的研究得出的另一令人不安的结果是,要是你认为书中所记载的耶稣的话是真正的传说,那么他并不想要建立一个新宗教。而且他完全相信,世界末日已临近了。现在,进一步考证的主要难题似乎是,耶稣的全部教诲是不是受这种虚妄的坚定信念所左右。

可以说,知识的进步并没有阐明我们根据权威而不得不接受的最重要信仰之一,即关于灵魂不灭的信条。生理学与心理学实际上已强调指出了构想一种没有神经系统的思维头脑的困难性。有些人非常乐观地认为,通过对心理现象的科学考察研究,我们可能会知道人死了"灵魂"是否存在。要是这样一个灵魂世界的存在得到证实,那就可能是基督教所曾承受的最大的打击了。因为基督教和别的某些宗教的最大吸引力就在于给人以来世生活的希望，在其他方面我们对此一无所知。如果死亡后的存在得到证明，并像万有引力一样变成一个科学事实，天启宗教就会丧失它的力量。因为天启宗教的全部特征就是它不是建立在科学的事实上。就我所知，那些通过招魂术者的实验，认为他们真的与死者灵魂交谈过，不论这种交谈的证据对于他们是如何虚妄，他们都确信这是经过实验证明的事实，从而对宗教不再有任何兴趣了。他们拥有知识，没有信仰也行。

近一百年来，科学和历史考证在正统信仰中造成的大破坏，并没有使宗教柔顺地屈服。争论也不是它唯一使用的武器。斯特劳斯被剥夺了在蒂宾根大学的教授职务，而且他的前途也毁了。勒南在其轰动一时的《耶稣传》中否定了这位超自然的神，因而丧失了在法兰西学院的教授职位。比希纳（Buchner）的《力量与物质》一书说明对宇宙的超自然解释是没有用的，对公众很有吸引力，因而被逐出蒂宾根（1855 年）。他们曾试图把海克尔赶出耶那大学。近年来，一位法国天主教徒卢瓦齐神父曾对研究《新约》作重要的贡献，在 1907 年得到了大革出（excommunication，开除教籍）的报偿。

卢瓦齐是天主教会内一个称作现代主义（Modernism）的日益发展的运动的杰出人物，有人认为这场运动是自 13 世纪以来教会史上最严重的危机。现代主义者没有形成一个有组织的党派；没有纲领。他们一心为教会，热爱它的许多传统和社团，但是他们把基督教看成一个已经进化发展了的宗教，其生命力有赖于继续发展。他们一心要根据现代科学和考证来重新解释教条。枢机主教纽曼（Cardinal Newman）已把发展的观念应用到天主教神学上。他说，原始信条的发展是很自然的从而也是正常的事，但是他没有得出现代主义者所得出的结论,认为天主教如果不愿丧失其成长发展的力量以致消亡,就必须吸收现代思想的某些结论。这就是他们试图为天主教做的事。

教皇庇护十世千方百计压制现代主义者。1907 年 7 月,他发布了一道教令,斥责卢瓦齐著作中为之辩护的现代《圣经》考证的各种结论。其中两个基本的命题是,“教会的有机构成不是永远不变的,基督教社会像各种人类社会一样,受永恒的进化的支配,”而“教会视为天启的教条,并不是从天上掉下来的,而是人类思想经过苦苦思索得出的对一些宗教事实的解释”。这两条大概都是从纽曼的著作中推论出来的,但却受到谴责。三个月后,教皇发布了一项长长的“通谕”,内容有对现代主义意见的精心研究,并制定各种扑灭这种邪恶理论的措施。没有一位现代主义者会承认通谕中的说法公正地表述了他的观点。然而某些话似乎十分中肯,切中要害。拿他们的一本书来看,“在一页上有一个天主教徒的签名,翻过页来你就认为你是在读一本理性主义的著作。他们在写历史时根本不提到耶稣基督的神圣,可是在讲道坛上却予以大声赞颂。”

一个平民百姓可能会对这些保留已抽空其旧有意义的古老教条的文字的努力感到迷惑不解,但可能会认为,天主教首脑采取明确的立场反对这种看来对基本教义构成致命打击的新学问,是很自然的事。过去多少年以来,新教教会的开明神职人员已经做了现代主义现在在做的事。他们沿用“基督神圣”的话,但解释得不包含耶稣奇迹般的诞生的意思。他们也在宣讲“复活”,但解释得也不指躯体的复活。说《圣经》是一部受到灵感启发的书,但灵感用得意义含糊,很像人们提到柏拉图是富有灵感的一样;而这种灵感新概念的含糊不清提法甚至作为一个优点提出来。在那些根本抛弃不可思议的事的极端观点与旧的正统派观点之间,存在着许多不同等级的信仰。在今天的英格兰教会,教会对其教士或教徒要求的最低限度的信仰是什么是很难说清的。很可能每个教会负责人给予的答复都不相同。

英国教会内部理性主义的兴起是一件很有意义的事,并且说明了教会与政府之间的关系。

以福音主义著称的虔信派运动(pietistic movement),威尔伯福斯的《基督教的实用观点》一书在使其流行方面起了很大作用。这个运动在英国国教会内推广循道宗的精神,很快就使18世纪圣职人员讨人喜欢的风格结束了,正如吉本所说,这些人曾"发出叹息或带着微笑"来赞许信仰的条文。安息日的严厉戒律恢复了,戏剧遭到斥责,人性堕落成为支配一切的谈话主题,《圣经》比以往更受到崇拜。这种所谓的宗教"反动"之所以成功,虽然不是因法国大革命引起,却是得助于普遍认为法国大革命主要是由于不信仰宗教才发生的看法;法国大革命被当成可作教训的实例,说明宗教在使人民遵守秩序方面的价值。在法国本国也出现了宗教"反动"。但是不论在英国还是在法国,这并不意味着自由思想不大盛行了,不过,当18世纪式的理性主义渐渐过时,大多数人在信仰方面更采取积极行动,而且有了强有力的代言人。一种新的理性主义兴起了,寻求以开明的方式来解释政教,使其与哲学调和起来。柯尔律治(Coleridge)是这种理性主义的代表,他受到德国哲学家的影响。他是教会的拥护者,在创立开明神学学派上做出了贡献。

这个学派在 19 世纪中叶以后就产生了影响。新高教会派的最著名人物纽曼说,他纵情于任何基督教徒都不能容忍的思考自由中。在 19 世纪第二个 25 年中出名的高教会派运动,与低教会派福音主义同样敌视宗教思想的自由。

变化发生在 19 世纪中叶以后。当时在英国教会内部已感受到黑格尔与孔德哲学以及国外对于《圣经》的批判考证的各种影响。在这一时期出版了两本得到读者广泛阅读的著名的自由思想的书,一本是 F. W. 纽曼的《信仰面面观》,一本是 W. R. 格雷格的《基督教界的信条》(都在 1850 年出版)。纽曼(纽曼主教的兄弟)与基督教完全决裂,他在书中描述了他放弃过去所持信仰的思想过程。他提出的或许最有意思的一点是认为把《新约》作为道德系统宣讲有缺陷。格雷格是一个一位论派。他否定教条和圣灵启示,但他视自己为基督教徒。J. F. 斯蒂芬爵士诙谐地把他的身份描述成一个使徒的身份,"他曾听过'登山布道',还来不及注意奇迹,在耶稣复活前就死了。"

有几位英国教士(主要是牛津大学出身)对德意志的考证很感兴趣,并倾向于持开明的观点,这在低教会派和高教会派看来无异于不信基督教。我们可以称他们为广教派,虽然这个名称后来才出现。1855 年,周伊特(Jowett,后任牛津大学巴利奥尔学院院长)出版了编有某些圣保罗书的版本,在书中他露了马脚。内容有对赎罪说的毁灭性批判,对原罪的不隐讳的否定,还对上帝的存在作了理性主义的论述。但是此书以及其他一些开明神学家的非正统著作并没有怎么引起公众注意,尽管书的作者们受到一点困扰。五年以后,周伊特和一个开明派小团体的其他几位成员决定向"阻止人们讲述最明白不过事实的可恶的恐怖主义制度”挑战，于1860年出了一本《论文与评论集》。七位作者中六位是教士。这些论文中主张的论点今天看来非常温和，许多观点是会被大多数受过良好教育的教士接受的，但在当时却产生了非常令人讨厌的印象。这些作者被称为“七个反基督者”。书中主张《圣经》可以像其他书一样予以解释。“教青年学生把他不愿应用到其他一些书上的原则应用到《圣经》上；教他们对认为在通常历史中不能调和的不符合的事实作形式上的调和顺从；把简单的话分成双重意义；把‘教父们’和‘注释者’的幻想和推测当作真实的知识接受下来，这样做是无益的。”它认为希伯来的预言书并不包含预言的因素。自相矛盾的记述，或只能靠猜测来附会的记述，不可能是上帝述说的。《马太福音》和《路加福音》中关于耶稣世系的不一致，或关于耶稣复活的记述的不一致，不能归因于“我们能力上有什么缺陷，也不能认为是一个神秘的聪明构想的任何合理的推测，更不能说成是记述者身上具有一部分神灵天赋的结果。”正统派论点强调亲眼目睹者的断言是事实最重要的证据，以支持奇迹般的事件发生，此书予以批驳，理由是证据是一种盲目向导，什么都不能有助于反对理性，而强有力的理由是，我们相信永恒的秩序。书中主张，根据英国的“39条信纲”，像驴作人言[①]，大水直立如垒[②]，还有关于巫婆和各种各样鬼怪这类故事，是允许作为“寓言、诗歌或神话接受下来的，诸如撒旦的个性或古代安息日制度这类问题，自己可做出

① 见《旧约·民数记》第23章。——译者

② 见《旧约·出埃及记》第15章第8节。——译者

判断”。这本书的整个精神或可用下面的话来表达,即任何人要是看出“基督教起源本身在多大程度上依赖于或然的证据,他的基本信念就可以使他从许多困境中解脱出来,否则这些困境会很恼人的。至于像历史上的一些事件一样,事件关系可能基于可疑的根据,而且像历史一样,是无法弄清楚或核实的,然而可能也同样会使人联想起那些绝对肯定的事实的真实思想。”这就是说,尽管这些事从历史上来说是虚伪的,但却含有一种精神上的意义。

巴登·鲍威尔牧师(Rev. Baden Powell)的《基督教证据研究》是一篇最大胆的论文。他相信进化论,接受达尔文主义,并认为奇迹是不可能的事。这本书受到主教们的谴责,1862 年,两位享有教产的教士投稿者因而受到法律的攻击,受到宗教法庭的起诉和审判。有些问题被判有罪,另一些问题被宣判无罪,结果他们被判停职一年,他们就上诉到枢密院。大法官韦斯特伯里勋爵宣布枢密院司法委员会的裁决,推翻了宗教法庭的判决。在裁决中,委员会认为,一个教士是否相信永恒的惩罚无关紧要。这件事给韦斯特伯里勋爵的墓志铭上加上下面的话:“在其俗世生涯即将结束之前,他付出代价废除了地狱,剥夺了英国国教会正统派永恒惩罚的最后希望。”

这是广教会派的一次伟大的胜利,也是英国国教会历史上一件意义重大的事件。其后果是由俗人裁决(推翻了坎特伯雷和约克大主教们的意见),弄清楚对于一个教士什么神学教条是有约束力的,什么教条是没有约束力的,并且给予教会内部言论自由,这种言论在大多数教会代表人物看来是有害的。1865 年通过的一项议会法令正式建立了这种思想自由制度,它改变了要求教士在

“39 条信纲”上署名的方式。《论文与评论》事件是英国宗教思想史上的划时代事件。

广教会派的开明观点及其对待《圣经》的态度逐渐地对那些与他们意见很不相同的人产生了一些影响；现在恐怕没有一个人不承认，至少像《创世记》第 19 章这样的章节，没有上帝的直接启示也会撰写出来。

在此后几年间，正统派公共舆论又为几部批评、驳斥或蔑视权威的著名著作的出版所震撼或受到困扰，这些书是赖尔(Lyell)的《古人类》、西利(Seeley)的《瞧这信徒》(虔诚的沙夫茨伯里勋爵说是“从地狱口中吐出来的”)，莱基(Lecky)的《理性主义史》。还有一位自由思想的新诗人不惧怕对所有被奉为神圣的权威发出最响亮的挑战的调子。19 世纪所有伟大的诗人或多或少都是非正统派；华兹华斯在其灵感的高峰时期是一位泛神主义者；而最最伟大的诗人雪莱自称是无神论者。在反对各种上帝和各种政府的无畏的言论和坚定的热情方面，斯温伯恩(Swinburne)很像雪莱。尽管严格说来一个诗人不需对其剧中人所说的话负责，然而他的戏剧《阿特兰塔在卡利顿》(1865 年)中斥责“无上的魔鬼上帝”的话，却昭告了一位将向权威堡垒挑战的新斗士的到来。次年他发表了《诗歌与民谣》，表达了一个异教徒的精神，并嘲笑基督教世界一切偏见和奉为神圣的东西。

但是在英国，文学领域反对正统派的最热烈和令人激动的斗争时期约开始于 1869 年，持续了约 12 年。在这期间，持各种观点的反对宗教教条的人，比本世纪其他任何时期都较少缄默而较多地采取攻势。莫利勋爵(Lord Morley)曾说，“善于思考的文学力量始终抓住实际的大好时机不放,"而 19 世纪 70 年代的理性主义文学正证明了这话。那是一个充满希望和恐惧、进步和危险的时代。爱尔兰教会与政府分离法(1869 年),允许无神论者在法庭上举证的法令(1869 年),1871 年废除所有大学的宗教考试(一个曾屡次失败的措施),所有这些都使宗教与教育分离论者和理性主义者受到鼓励。但另一方面,1870 年的教育法,尽管是进步的,却使主张世俗教育者感到失望,它是一个显示教会影响之实力的不受欢迎的朕兆。1869—1870 年梵蒂冈会议发布的教皇无谬误的教令,不仅使欧洲所有罗马教会以外的人士,也使罗马教内部分人士普遍感到震惊,而一位英国人(枢机主教曼宁)是最积极执行这一教令的人之一。要是人们对教皇谴责现代谬误的纲要不是记忆犹新的话,这个教令引起的震惊或许会小些。1864 年末他发布一个"包括现代主要谬误"的"纲要"曾使全世界震动。他列举的谬误含有下列一些主张:根据理性的观点,人人可以自由选择并信仰他认为正确的宗教;教会无权使用暴力;形而上学可以并应该不用提到神与教会权威而进行研究;天主教国家允许外来移民公开做他们自己的宗教礼拜是对的;教皇应与进步、自由主义和现代文明妥协。人们把这个文件看成是反对启蒙的宣战书,而梵蒂冈会议是黑暗大军的第一个战略行动。看来蒙昧主义势力带着新的威胁抬头,人们本能地感觉到一切理性力量应该开赴战场。近四十年的历史表明,"无谬误"论自从变成教条以后,并不见得比以前更有害。但是天主教会在坚持梵蒂冈会议后的年代力图推翻法兰西共和国和分裂新德意志帝国的行径足以令人感到不安。抵制这种情况就是推翻教皇的世俗权力并使意大利获得完全的自由。这一事

件就是斯温伯恩的《黎明前之歌》(1871 年出版)中的黎明,这是一个无神论和革命的苗床,播下了对宗教信条和暴政深恶痛绝的种子。诗集中最精彩的一首是《人类的赞歌》,写于梵蒂冈会议开会期间。这首诗是因对教皇世俗权力的灭亡深有所感而写的,是一首战胜教士们的上帝之歌。末尾几行诗显示出这种精神:

“被地狱之火写下的你的名字在你的剑尖烧毁,
你被打倒了,你上帝,你被打倒了;
你死亡临头,啊主啊。
因你的死亡,大地的情歌随着它的双翼之风传遍——
光荣归于最崇高的人类:因为人类是万物之主。”

这样一本诗集能够出版而不受惩罚,该事实生动说明,英国只在面向大众的出版物案件中实施亵渎神圣法。

政治环境就这样吸引和激励理性主义者大胆向前走,但是我们也不应忽视广教会运动和达尔文主义的影响。《人类的由来》正好在 1871 年出版。布道坛上宣讲起非教条主义的新基督教。莱斯利・斯蒂芬先生指出(1873 年),“可以简直不用夸张地说,不仅信条中任何条文可予以反驳而不受惩罚,而且在打算用以赢得正统派声誉并被视作一种审慎争取主教职位的布道中,也是没有一条不可以反对的。一则有名的关于谨慎的教会执事的轶事似乎可以代表民众的心态,这位教会执事在对教区牧师仰道的一般倾向予以称赞的同时,感到必有责任冒险对一个问题提出反对意见。他道歉似地解释,‘先生,你看怎样,我想上帝是有的。’他认为对信条的第一条暗示怀疑,是鉴别力或判断力的一个错误。”

美学运动(拉斯金、莫里斯、拉斐尔前派兄弟会的画家们;然后是佩特于 1873 年发表的《关于文艺复兴的讲演》)使有修养的阶层所受的影响,也是这个时代的一个特征。因为这些评论家、艺术家和诗人的态度基本上是无宗教信仰的。神学中的拯救真理对于他们来说好像并不存在。幸福的理想是在上天所忽视的领域中找到的。

那个时代看来适宜于把话说出来。在这些令人激动的年代里,影响青年人并使信徒们震惊的非正统的书籍和论文,[①]其中大多数是可用含义广泛的名词“不可知论者”(agnostics)来适当地形容的人们的作品,这个名词是赫胥黎教授晚近创造出来的。

不可知论者认为,人类的理性是有极限的,而神学处于这些极限之外。科学(包括心理学)研究的是在这些极限之内的世界。科学研究的完全是现象,而不涉及可能存在于现象背后的最高实在的性质。对于这种最高实在有四种可能的看法。形而上学者和神学家的看法是,他们确信最高实在不仅存在,而且最少可以部分地被我们了解。有一种人的看法是否定最高实在存在,然而他自己必定也是形而上学者,因为他认为只有形而上学的论点能否定其存在。有一些人断言最高实在是存在的,但却否认我们能对这有

① 除了本文已提到的著作外,还可提及:温伍德·里德的《人类的殉难》(Winwood Reade, *Martyrdom of Man*),1871 年出版;穆勒的《关于宗教的三篇论文》(Mill, *Three Essays on Religion*);W. R. 卡斯尔的《超自然宗教》(W. R. Cassels, *Supernatural Religion*);廷德尔的《在贝尔法斯特英国协会的演说》(Tyndall, *Address to British Association at Belfast*);赫胥黎的《动物的自动性》(Huxlex, *Animal Automalism*);W. K. 克利福德的《躯体与头脑》(W. K. Clifford, *Bodgy and Mind*);后五本书都是在 1874 年出版的。

任何了解。最后还有一些人认为,我们不能知道它是否存在。最后这些人就是严格意义上的“不可知论者”,这些人明言不知道。第三类看法就其断言现象背后存在一个尽管不可知的最高实在来说已超越了现象。但是不可知论者这个名词通常用作广义解释,因而既包括第三类也包括第四类看法的人,即那些认为有一个不可知的以及那些不知道是否存在一个不可知的最高实在者。例如,孔德与斯宾塞相信有一个不可知的实在,被算作不可知论者。不可知论者与无神论者之间的不同之处在于,无神论者明确否认有一个人格化的上帝存在,而不可知论者则是不相信其存在。

这个时期持最纯正的不可知论的著作家是莱斯利·斯蒂芬先生,他以最不留情的逻辑把理性的公正的见解对准神学的言论。他的最著名的论文“一个不可知论者的辩解”(载于1876年的《评论刊双周》),提出这样的问题:正统神学家的教条有什么意义?这些教条是否为宇宙中的不和谐现象提供可理解的调和?因为这正是我们所需要的。文中详细说明神学对上帝与人类关系的各种不同的解释,一旦在逻辑上陷于困境,他们就只好承认无知。这不就是不可知论吗?你可以把你的疑点称作神秘,但神秘只不过是不可知论的神学用语。“是呀,当没有一个诚实的人会私下否认,每一个终极难题都被裹在深厚的神秘中,这个诚实人还会在布道坛上宣称,毫不犹豫地确信是大多数愚昧无知者的义务吗?我们是一群无知的人,模糊的辨识眼力只够日常需要,一旦我们试图描述我们道路的起点和终极目的,就会绝望地发生分歧;但是,我们当中要是有一个人胆敢宣称,我们不知道宇宙的全图,就如同不知道我们极小的教区的地图一样,他就会遭到哄赶、辱骂,并或许告诉他,他将因没有信仰而永堕地狱。"莱斯利·斯蒂芬的一些论文的特点是,较少暗中指明,正统神学因无真实可言是不正确的,它对难题的解答也是虚伪的解答。要是它解答了神秘的任何部分,会受到欢迎的,但是它做不到,只是增加新的难解之点。"它只因不过是一座荒唐空想的建筑物"。作者没有试图用逻辑证明最高实在是超越于人类理性之外的。所有的哲学家都无望地相互矛盾,他根据这一事实得出这个结论,如果哲学的题材也像自然科学一样,只限于智力所能达到的范围,必定会得出一些一致的意见。

广教会运动曾试图使基督教自由化,将旧酒装入新瓶,使它不分宗派,不强调教条,在神学与科学之间进行妥协,莱斯利·斯蒂芬对这些都没有好感,他有些轻蔑地批评这一切。当时关于祈祷的功效有争论,例如,求雨是否有道理。科学与神学就一个应归于科学领域的实际问题展开争论。有的神学家采取折中方案,认为祈祷止住日月蚀是愚昧的,但是求雨或许是合情合理的。斯蒂芬写道:"一种现象正如其他现象一样,是某些确定的原因的后果;对于想像力来说,设想有一个躲藏在各种力量错综复杂起作用的某处的神力干预,避开我们对气象现象的预测,较之相信气象现象中各种力量很简单、足以接受预测要容易得多。这种区别,从科学的意义来说当然不能成立。对于在航海天文历上有记载或没有记载的事件,全能的上帝的力量都能很容易地干预。我们不能认为科学前进了,上帝就退缩了,不能认为在富兰克林解开并阐明雷电的规律之后,上帝就不用雷电来说话了。"

还有,当时有一个关于地狱的争论引起了公众的注意。某些具有不同思想的正统神学家反省到,那种永恒的惩罚是一个很可

怕的教义，并且发现为此提供的证据也不是十分确定的，因此大胆地说出来。莱斯利·斯蒂芬介入争论并指出，如果是这样，历史上基督教在这方面受到它的一些最恶毒的敌人的一切攻击是应受的。当基督教的信条真正支配了人心的时候，没有人敢说一句反对地狱教条的真实性的话。如果那个教条与这个宗教信条不是具有密切的有机联系，如果它只不过是一个不重要的偶然事件，那它在当年凡基督教最强盛的地方就不可能这么强有力和持久存留。试图删除它或缓和它的内容，是显示基督教衰落的朕兆。“好啦，你们的信条终于在凋谢了。人们发现你们对于你们的信条并不了解；天堂与地狱属于梦乡的事；那个年轻、傲慢的教区牧师因我不同意他的迷信说法就对我说，我将永受地狱之火焚烧，真是和我一样无知，而我所知道的和我的狗所知道的不相上下。于是你们又镇静地对我说，‘这完全是个误会。最好相信点什么，我们会把地狱弄得对你尽可能舒服些。地狱中的气候也将是一样稳定宜人的，真的有益于身体，里边除犹大·伊斯卡里奥特及其他一二个人外，将没有别的人；就是可怜的魔鬼，如果他决心改邪归正的话，也会有一个改正机会。’”

我认为，马修·阿诺德先生(Mattew Arnold)可以算是一个不可知论者，但是他属于非常不同的类型。他采用了一种对《圣经》的新的批评——文学批评。他深切关注道德和宗教，是国教会的一个拥护者，把《圣经》置于他的特别保护下，并在《圣保罗与新教》(1870年出版)、《文学与教条》(1873年出版)和《上帝与圣经》(1875年出版)三本书中，竭力从正统讲解者那儿解救这本圣书，他认为那些讲解者是基督教的败坏者。他说，把不信教这个词扔回去给正统神学家是恰当的,因为他们对《圣经》作了恶劣的文学的和科学的批评,并“在每个星期天从布道坛上滔滔不绝地讲那些背教的话!”“但基督教徒或许很难做到。”基督教的腐败应归咎于神学“荒谬地放肆肯定上帝,荒谬地放肆肯定灵魂不灭”;归咎于假设“在人类的和宇宙的事务上头有一个夸大了的非自然的人”;还有“把《圣经》上分散的语句凑在一起,按字面意义来捏造”关于上帝的异想天开的记述。他以文雅的挖苦来申斥正统派认为他们拥有的关于上帝的活动和计划的知识。“认为他们了解三位一体会议中讨论什么,这在他们并不难;他们还能很轻易地认为他们甚至知道三位一体会议室中的帷帐是什么。”然而,“‘三位一体’这个说法本身就是与《圣经》—宗教的整个思想和特点相冲突的;不过,免得索齐尼派听到此话会不适当地得意扬扬,让我们赶紧添上一句,‘一位伟大的造物主’的说法也同样是与《圣经》的整个思想和特点相冲突的。”他采用“上帝”作为代表宇宙秩序的最不适当的名字,因为宇宙秩序是理性作为法则来探究、感情作为恩泽为探寻的;他下的定义是“万物争取实现其生存法则的潮流”。他还进一步把它界定为一种支持正义的力量,这就大大超越了不可知论的观点了。他对进行详细的考证评论工作不耐烦,这要分析《圣经》文献并发现其中前后矛盾和种种荒谬之处,也没有体会到对各种宗教进行比较研究的重要性。但是当我们读到一位高级教会人士在近来的一次教会代表大会上的讲话,规定必须相信《旧约》中“约拿书”和“但以理书”的叙述,因为耶稣曾引用过,我们就会希望阿诺德也在这里,去谴责正统神学家“缺乏理性的严肃态度”。

在这些年代里还出现了约翰·莫利先生对18世纪法国自由

思想家的抱有好感的研究著作，有《伏尔泰》(1872 年)、《卢梭》(1873 年)和《狄德罗》(1878 年)。他编辑《评论双周刊》有好几年，这份刊物因刊载一些对现行宗教的卓越评论而颇具特色，这些评论都是一些很有才华的人从许多不同观点给杂志写的稿。他后来出版的题为《妥协》的书有一部分就刊登在 1874 年的《评论双周刊》上。在《妥协》一书中，“构成当今的流行信仰的整套客观论断”被谴责为有害的，并主张那些不相信宗教的人应该坦率地把意见说出来。说出来是一种思想的责任。英国人有很强的政治责任感，但思想责任感却相对较弱。更坏的情况是甚至那些思想不陈腐的人也受到政治精神的影响，这种政治精神“是把热爱真理和正确推理都置于次要地位的强大势力”。这种政治上流行的原则被神学拿来为己所用。在政治上是便利权宜第一，真理其次；而在神学上激动感情的安慰第一，真理其次。如果说在宗教方面道德败坏的事不太显著，“但却有思想不诚实的污点”。而这是一种反社会的罪行，因为“他们不论出于何种动机都损害了诚实，也正在损害人类进步的生命力”。此书所谴责的思想不诚实，至今仍很流行。英国人并未改变其性格，“政治的”精神仍盛行，而我们受到下述一种观点支配，即因为妥协在政治上是必需的，因而在思想领域也是件好事。

莫利先生主持的《评论双周刊》是启蒙运动的一份富有战斗力的杂志。我没有时间去谈论在这些战斗的年代里其他文化人和科学家的著作，但值得注意的是，当布道坛上倾泻出对现代思想大量的谴责的时候，一种自由思想的普及传播工作也在开展，特别是布雷德洛先生的公开讲演和他的《国民改革报》，与政府当局不是没有冲突。

如果研究一下在这二百年间英国政府当局干预压制非正统言论发表的情况,我们就发现干预的目的往往是要防止自由思想在人民大众中传播。牺牲者不是贫穷、没有受过教育的人民,就是以通俗的方式传播自由思想的人。前面我在谈论潘恩时已涉及这个问题,而且也为 19 世纪和 20 世纪的一些起诉所证明。不言自明的动机是惧怕人民。神学曾被当作使穷人遵守秩序的一个良好工具,而不信仰宗教被视为危险的政治言论的起因或伴生物。认为自由思想特别不适合于穷人,最好使他们保持迷信,以便使他们知足安分,对于比他们生活好的人为他们在宗教方面和社会方面所作的安排才会十分感激,这种观念至今仍没有完全消失。我可以从弗雷德里克·哈里森的论文中援引一个故事,极妙地表达了穷人应当对教会机构抱有的合适的态度。"埃塞克斯郡一所济贫院院长有一次被请到一个垂死的受救济穷人那里充当牧师。这个可怜的人软弱无力地喃喃道出一些想上天堂的希望。而这位院长急忙打断他的话,并告诫他应把他最后的思想转向地狱。他说,'你应当感谢,因为你有地狱可去。'"

英国对人民大众有吸引力的最重要的自由思想家是"现世主义"(secularism)提倡者霍利约克(Holyooke)[1]和布雷德劳。布雷德劳令人永远难忘的伟大成就是争取到被选入议会的不信教者不用宣誓的权利(1888 年)。霍利约克(他早年曾因犯亵渎神圣罪坐

① 可注意的是,霍利约克在其晚年帮助创立了"理性主义出版协会",爱德华·克洛德先生曾担任会长多年。这是英国一个宣传理性主义的主要社团,其主要目的是以廉价本推销著名自由思想家的著作。据我了解,有 200 多万本廉价本销售出去。

牢）的主要贡献是取消对出版业的征税，这种税收大大妨碍了知识的普及传播。[1] 在英国，对出版物的检查制度早已没有了（见前文第139页[原书页码。——译者]）；欧洲其他国家大多也在19世纪期间取消了这一制度。[2]

在近三十年间，欧洲一些进步国家中的宽容精神有显著的提高（我指的不是法律上的宽容，而是公共舆论的宽容）。二三十年前莫利勋爵写道："初级阶段简直没有达到；在这个阶段，公共舆论给予每个人不受周围的人影响、有不受约束形成自己的信仰的权利。"我认为，这个初级阶段现在已经过了。拿英国来说。我们现在已离阿诺德博士因老穆勒的反宗教言论而想把他送往澳洲的植物学湾的时代很远了。而且我们也已离达尔文的《人类的由来》一书造成人们喧闹的日子很远了。达尔文已被葬在威斯特敏斯特教堂。现在，一些否认耶稣在历史上存在的书籍能够出版而不会引起任何骚扰。阿克顿勋爵在1877年写道："当今许多有修养的人认为迫害是对的，"我们会怀疑这话现在是否还正确。1895年，莱基是都柏林大学的议员候选人。他的理性主义言论的确遭到反对，但是，尽管选民大多数属于正教，他还是成功当选了。要是在70年代，他连候选人的资格也没有希望获得。过去人们常说，一个自由思想家肯定是不道德的，现在再也听不到这种陈腔滥调了。可以说现在已达到这样一个阶段，人人都承认，他认为（梵蒂冈的

① 广告税于1853年取消，1855年取消印花税，1861年取消纸张税，1871年取消随意税。

② 在奥匈帝国，警察有临时禁止出版的权力。在俄罗斯，1905年一项帝国法令曾宣布出版自由，但以后即成废纸。新闻报纸完全处于警察的控制之下。

人除外)天上地下没有什么事情不可以合法地讨论,而无需像过去一样,常由权威强加臆说。

在对理性在 19 世纪的胜利的这一简短回顾中。我们曾认为科学的发现和考证使得旧正统观念在逻辑上站不住脚了。然而自由思想的前进,各国人士对待神学权威的一般态度与一百年前态度的截然不同,不能完全用逻辑的力量来解释。在改变一般人的观点方面,对旧观念的批判不及许多新观念和新兴趣出现起的作用大。对终极问题的看法产生普遍改变的原因不是由于逻辑论证,而是由于出现一些新的社会概念。我认为,这种看法的改变,现在必然是由于人类进步观念引起的。我认为,这种观念作为破除神学信仰的手段,必定起过强有力的作用。前面我曾谈到狄德罗及其朋辈的主张,人的精神应致力于现世的愉悦。这样一种新的理想取代了根据神学命题提出的旧理想。这种新理想激励着英国的功利主义哲学家们(边沁、詹姆斯・穆勒、J. S. 穆勒、格罗特),他们提倡,把绝大多数人的最大幸福作为行为的最高目的和道德的基础。这一理想得到了历史进步学说的有力的补充,这个学说是杜尔哥于 1750 年在法国创始的,他把进步视为历史的根本原则,后来孔多塞又加以发挥(1793 年),在英国则由普里斯特利提出来。法国社会主义哲学家圣西门和傅立叶采纳了这一思想。傅立叶竟致乐观到这样预测,将来有一天,海水通过人的独创性智慧会变成柠檬汽水,到那时候将有三千七百万像荷马一样伟大的诗人,三千七百万像莫里哀一样伟大的作家,三千七百万像牛顿一样伟大的科学家。而到了孔德,他使这个学说有了分量和力量。他的社会哲学和人道教都是建立在这个基础上。科学的胜利又支持

了这个学说。虽然它不一定包含有科学的进化论，但却与进化论有联系；说它是19世纪的主导精神力量或许是公正的。它提出了对后代负责的新伦理原则。如果我们说，对人类的未来和进步的新的关注不自觉地大大削弱了人们过去对于入土后去到另一个世界的生活的兴趣，这简直没有什么错，而且它还消除了那种认为人类生来堕落的产生过很坏影响的教义。

在德国曾激起人们很大兴趣的一元论运动（Monistic movement，1910—1912年），比其他任何地方更特别重视进步理论。这个运动的基础是海克尔的思想，他被尊为大师，但那些思想在新领袖奥斯瓦德（Ostwald）的影响下，有了很大的改变。海克尔是一位生物学家，而奥斯瓦德的优秀著作是在化学和物理方面完成的。新一元论不同于旧一元论，首先在于较少武断，它宣称，就是我们经验里的东西，都可以成为一门相应的科学的研究对象。它是一种方法而不是一种体系，唯一的最后目的是以一元化的知识去理解人类一切经验。其次，它虽然与海克尔一样。坚持以进化论为生物史的指导原则，但摒弃他的泛神主义和思想原子论。关于自然界的旧的机械论已逐渐为能量论所取代，而奥斯瓦德是能量论的首要代表之一，他使能量论成为一元论的主要观念。就我们现在所知，所谓物质只不过是能量的复合体，他还寻求把这一能量原理从物理学的或化学的现象扩大应用到生物学的、心理学的和社会的现象研究上。但必须注意到，他并没有主张能量观念是最终的结论；它只不过是符合我们现阶段知识的一种假设，而随着知识的进步，它可能又被取代。

就其认为人生观应完全建立在科学的基础上而排斥神学、神

秘主义和形而上学而言,一元论与孔德的实证主义哲学和宗教很相似。如果我们采用麦克塔格特先生(M. Mac-Taggart)的定义,认为宗教是“一种建立在确信我们自己与整个宇宙和谐一致的信念上的情绪”,则也可称一元论为一种宗教。但是最好不要用“宗教”的字眼与它联系起来,因为一元论者不想像孔德建立一个实证主义的教会那样,建立一个一元论的教会。他们坚持认为科学观与宗教观之间存在尖锐的对立,宗教正在逐渐变得不是那么不可或缺之事实构成精神进步的标志。我们回溯历史越久远,宗教作为文明的一个因素就越重要;但是随着我们向前走,宗教就越来越往后退,为科学所取代。就现世而言,过去宗教大体上是悲观主义的;而一元论大体上是乐观主义的,因为它认识到,进化的过程已越来越多地克服人类身上的不利因素,而且将继续更多地克服不利因素。一元论宣告,发展与进步是人类行为的实际准则,而教会,特别是天主教会,一直坚执保守,虽然它无力制止进步,但曾竭力压制它的征兆——连气也不让透。[1] 1911年一元论者在汉堡举行的大会所取得的成功,使大会发起者都感到出乎意外。这一运动在传播理性主义思想方面大有成为一支强有力势力的希望。[2]

如果我们看看西欧三个大多数基督教徒为天主教徒的大国,我们会看到进步的理想、思想自由和教会权力衰落是如何相随发

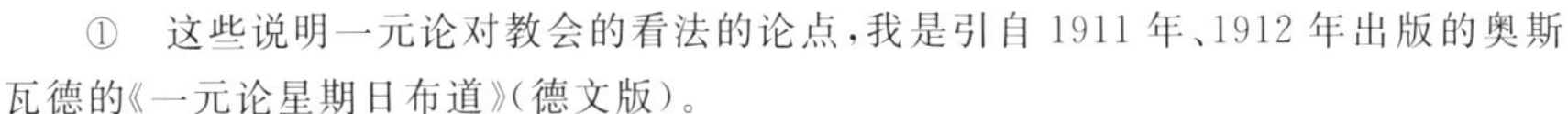

① 这些说明一元论对教会的看法的论点,我是引自1911年、1912年出版的奥斯瓦德的《一元论星期日布道》(德文版)。

② 我可以在这里说明一下,因为这不是一部思想史,所以我没有提到近年来一些哲学思想(美国、英国和法国的),这些思想有时声称倾向支持神学。但它们都是十分非正统的。

生的。在西班牙，教会拥有巨大的权力和财富，而且仍能够支配法庭和政客，在法国和意大利充满活力的进步的思想，在这里却还没有感受到它的重大影响。自由思想的确在人数很少的受过教育的阶层中广泛传播，但是整个人口的大多数是文盲，使他们保持这种状态符合教会利益。正如所有开明的西班牙人士所承认的，使人民接受教育是国家迫在眉睫的需要。四年以前弗朗西斯科·费雷尔(Francisco Ferrer)的悲剧表明，在现代教育得以普及之前，必须克服多么庞大的障碍，这一事件也提醒每一个人，在西欧的一个角落，中世纪精神仍然富有活力。自 1901 年起，费雷尔在加泰罗尼亚省致力于建立一些现代学校。他是一位理性主义者。而他那些办得很成功的学校完全是非宗教性的普通学校。教会当局很憎恨他，而 1909 年夏天有一机会使他们得以设法除掉他。巴塞罗那市的一次工人罢工发展成一场暴力革命，在运动开始时，费雷尔碰巧有几天在巴塞罗那逗留，可是他与此事没有任何关系。他的敌人们却抓住机会要他对此事负责。伪证(包括伪造的文件)制造了出来。有助于说明他的情况的证据都被隐瞒掉。一些天主教报纸煽动攻击他，巴塞罗那的教会首脑敦促政府不能饶过这个建立许多现代学校的人，因为现代学校是制造麻烦的根源。费雷尔被一个军事法庭判罪并枪决(10 月 13 日)。他是为理性和思想自由事业而受难的，尽管现在已不再有宗教法庭，他的敌人却以进行无政府主义活动和叛逆罪的虚伪指控杀害了他。欧洲对此事表达的愤怒，特别是法国反对之声最高，本有可能阻止这类极端措施的重演，但是在一个教会势力是如此强大和如此顽固不化，政客是如此腐败的国家，几乎什么事都会发生。

第八章　主张思想自由的理由

大多数在现代国家自由气氛中成长的人，都同情自由与权威的长期斗争，而对于许多社会和政府坚持施行设法窒息新思想与禁止自由思考的专制的、而且在他们看来也是十分乖戾的政策，则感到很难找出什么理由可为之辩说。本书概述的冲突显然是光明与黑暗的一场战争。我们惊呼，神坛与王权相勾结策划了一个反对人类进步的罪恶阴谋。这么多为理性而斗争的人们在那些即使不是恶毒的也是愚昧的有权威身份者手中经受了许多苦难事情，回首这些我们感到痛心疾首。

不过也可以为压制提出或多或少表面上讲得通的理由。让我们拿认为社会有对其各个个别成员的合法权利予以最严格限制的观点来说。穆勒认为“人类，不论个别地或集体地，有理由干涉他们成员中任何人的行动自由的唯一目的是自卫”，而且只有在防止伤害其他人的情况下，压制才是正当的。这是国家所能提出的最低限度的要求，而人们会承认防止伤害国民不仅是国家的权利，也是它的职责。这正是国家的目的。为什么言论自由应成为一种特许的行动自由呢？当相信因任何一位社会成员的讲演有伤害社会的危险时，为什么社会要放下防卫的武器袖手旁观呢？现在还没有发现什么抽象的或与社会无关的单独的道理可解释。政府必须判断危险的情况，而判断可能是错的；但如果它确信言论正在对社会造成伤害，干涉难道不是它简单明白的职责吗？

这种论点为古今各国政府压制言论自由作了辩解。可以极力主张设立宗教法庭，设立出版物检查制度，颁布亵渎神圣法，以及诸如此类一切镇压措施；要是做过头了或判断失当，那他们本意是要保护社会免遭当局所真诚相信的严重危害，这只不过是履行职责的行动。（这种辩解当然还没有扩展到说为了牺牲者本人所谓幸福所采取的措施，意即保证他们未来得救的措施。）

现今我们谴责所有这类手段，并且不容许政府有干涉人们自由发表意见的权利。自由的学说是如此深入人心，使我们觉得很难原谅我们受错误思想指导的祖先的镇压做法。自由的学说怎样被证明是正确的呢？它不是依据抽象的理由，也不是根据与社会无关的独立原则，而完全是出于对社会功利的考虑。

我们已读到苏格拉底怎么指出自由讨论的社会价值。我们也知道弥尔顿说，这样的自由上是提高知识所必需的。但是在为争取宽容而战斗并实际上已赢得宽容的时期，较普遍运用的论点是，因一个人诚实地怀有而且不得不怀有的意见而予以惩罚是不公正的，因为信念不是意志的问题；换句话说，这种论点认为，错误不是罪行，因此予以惩罚是不公正的。然而，这种论点不能证明争取言论自由是有理由的。主张压制者可以回答：我们承认因一个人的私人错误信仰而惩罚他是不公正的，然而，如果我们确信这类信仰对社会是有害的，禁止传播这类信仰并非不公正；惩罚他不是因为他持有这类信仰，而是因为他发表这类信仰的著作，这不能说不公正。在研究各种原则中，实际上“公正”一词是使人误解了。一切功效都是根据生理的或社会的经验，公正也不例外。“公正”表明在一类标准或原则中，社会功利根据经验是最重要的，它既被公认为如此重要，就可压倒一切对于眼前利益的考虑。社会功利是唯一的试金石。因此，对一个政府说，它压制言论的政策不公正，那是无用的，除非能向它表明，言论自由是一种压倒一切的社会功利原则，所以其他考虑都无足轻重。苏格拉底坚持认为自由对于社会是非常有价值的，真是具有真正的天才。

推论出思想自由是正当的应归功于J. S. 穆勒，他在1859年出版的《论自由》书中说明了这一点。此书概括地论述了自由，并试图确定一个范围界限，在这个范围之内，个人自由应被认为是绝对的和无可争议的。第二章专论思想的自由和讨论的自由。如果说许多人会认为穆勒缩小了社会的功能，低估了社会针对个人的权利要求，但很少有人否认他的主要论点的公正，或怀疑他的结论总体上见解正确。

穆勒在指出没有公认的固定标准可以检验社会集体方面对一些个别成员的干预是否恰当后，觉得个人自卫是一个判断的标准，这就是防止伤害他人。他的原则不是根据抽象的权利，而是根据“最广义的功利，这种功利建立在作为不断进步的生物的人类的永恒利益的基础上”。于是他用下列的论据来说明，制止人们发表意见和讨论总是违反这些永恒的利益的。那些禁止人们发表意见的人（假设他们是诚实的）否认意见是正确的，然而他们不是一贯正确的。他们可能错了，也可能对了，或可能是部分错了，部分对了。（1）如果他们错了，而他们要压制的意见是正确的，那他们就剥夺了，或竭力去剥夺人类一个真理。他们会说：但是我们的行为是正当的，因为我们竭尽全力运用我们的判断力，由于我们的判断难免有错,难道就叫我们不要运用它吗?我们禁止传播我们确知是错误的和有害的思想;这意思是说,我们没有比政府当局采取的任何行动更自以为是。假如我们采取行动了,我们必须认为我们自己的意见是正确的。对此穆勒敏锐地答道:“认为某一意见是正确的,因为在每一个争论的场合都没有被驳倒,和认为旨在不允许驳斥的意见是正确的,这二者有极大的区别。对我们的意见完全有反驳和反证的自由,是证明我们有理由认为行动的目的是正确的真正条件,除此以外,没有其他条件能给具有人类能力的生物证明是正确的任何合理的保证。”

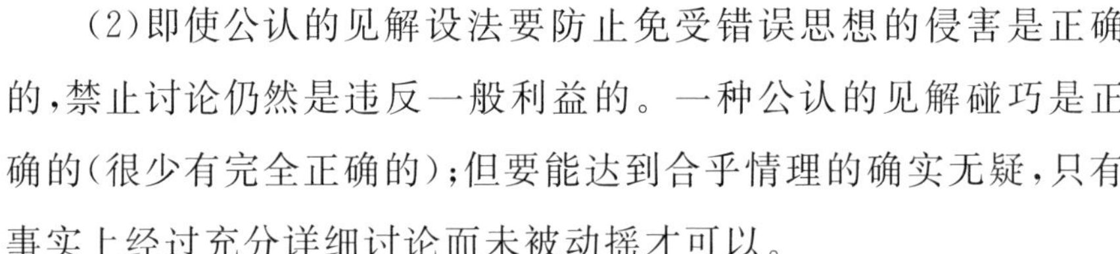

(2)即使公认的见解设法要防止免受错误思想的侵害是正确的,禁止讨论仍然是违反一般利益的。一种公认的见解碰巧是正确的(很少有完全正确的);但要能达到合乎情理的确实无疑,只有事实上经过充分详细讨论而未被动摇才可以。

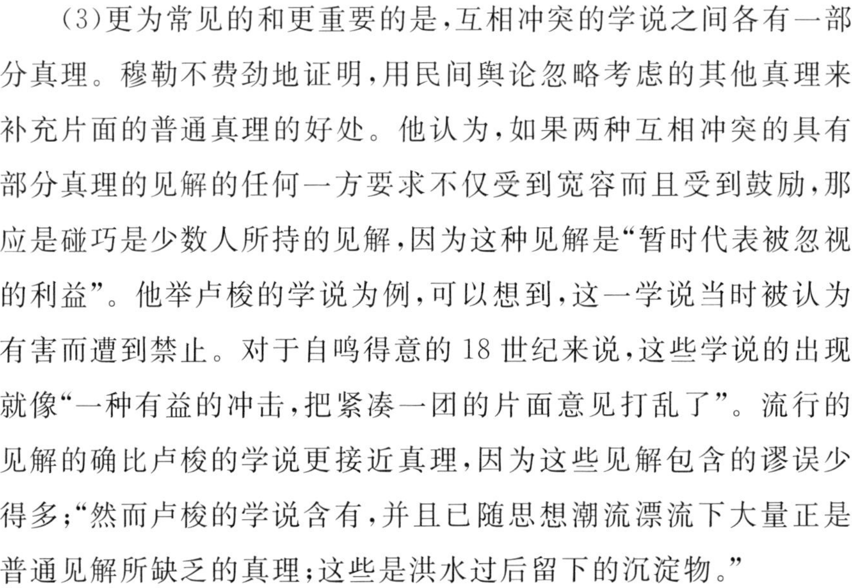

(3)更为常见的和更重要的是,互相冲突的学说之间各有一部分真理。穆勒不费劲地证明,用民间舆论忽略考虑的其他真理来补充片面的普通真理的好处。他认为,如果两种互相冲突的具有部分真理的见解的任何一方要求不仅受到宽容而且受到鼓励,那应是碰巧是少数人所持的见解,因为这种见解是“暂时代表被忽视的利益”。他举卢梭的学说为例,可以想到,这一学说当时被认为有害而遭到禁止。对于自鸣得意的18世纪来说,这些学说的出现就像“一种有益的冲击,把紧凑一团的片面意见打乱了”。流行的见解的确比卢梭的学说更接近真理,因为这些见解包含的谬误少得多;“然而卢梭的学说含有,并且已随思想潮流漂流下大量正是普通见解所缺乏的真理;这些是洪水过后留下的沉淀物。”

这就是穆勒主要论点的大意。作者愿以稍微不同的方式来叙述主张意见自由的理由，然而合乎穆勒的推理。文明的进步，如果说部分是受人类不能控制的环境所制约，但是更多的是依靠他力能支配的事物，而且有增无已。其中最突出的是知识的进步，和慎重地使他的习惯和制度适应各种新的情况。要提高知识并改正错误，就需要有不受限制的讨论自由。历史表明，在古希腊思想完全自由的时期，知识就增长了。而在现代，由于对于调查研究的种种约束已完全排除，其前进的速度在中世纪教会的奴隶们看来似是恶魔般的速度。于是，为了重新调整社会习俗、制度和方法以适应新的需要与环境，显然必须对这些习俗、制度和方法进行无限自由的详细讨论与批评，表达一些最不受欢迎的意见，不管这些意见会怎样冒犯普遍的观点。如果说文明的历史曾给我们什么教训，这就是：思想与道德的进步，有一个完全是人类本身力所能及的最高条件，这就是思想和讨论的完全自由。建立这种自由制度，可以认为是现代文明最有价值的成就，并且应看成是社会进步的基本条件。思想自由所依据的永恒功利的考虑必须胜过对眼前利益的任何计较，人们不时会想到眼前利益而要求违背永恒功利。

显然，这整个论点所依据的，是设想人类的进步、智力和道德的发展，是一个现实的事实并且是很有价值的。这种论点不符合任何持有枢机主教纽曼那样观点的人的心意，纽曼说，“人类的进步和完善的可能性是一种梦想，因为圣灵启示否定这一点”；他还会一贯地赞同纽曼的坚定信念，认为“要是这个国家比它现在所显出的更加迷信、更加顽固和更加阴郁、更加狂热，那对本国是有利的事”。

正当穆勒在写他的人人都应读的卓越文章时，当时（1858 年）的英国政府却要彻底调查那认为处死暴君是合法的学说的流传，理由是这种学说是不道德的。幸而这些公诉没有继续下去。穆勒谈到此事，并坚持认为：像诛戮暴君（我们再添上无政府状态）的主义并不构成下面这个法则的例外情况，这个法则就是，“就伦理信念的问题来说，任何学说，不论它会被认为是如何不道德的，都应有表明信仰和讨论的最充分的自由。”

有些例外情况是很明显的，当局的干涉属于正当的干涉，因为干涉是根据另一条法则。例如，有人直接煽动引起某个具体的暴力行动，这就会是干涉的合法理由。但是煽动必须是蓄意的和直接的。假如我写了一本书，谴责当今社会并为无政府理论辩护，有一个人读了此书立即以暴力犯法，这显然会被认为，我的书使他变成一位无政府主义者并诱使他犯了罪，但除非书中对于他所犯的具体罪行有直接煽动的话，否则惩罚我或禁止这本书是不合法的。

有时可能会产生一些困难情况，政府可能受到强烈的诱惑，或者可能受到鼎沸的舆论的怂恿而破坏了自由原则。让我们假设一种情况，虽然极不可能发生，但却能把问题说得清楚明确。

设想有一个极具魅力人格的人，他有一种把自己不论如何不合理性的思想感染别人的神奇力量，简言之，是一位典型的宗教领袖，确信世界末日将在几个月内到来。他去全国各处宣讲并发放小册子；他的话产生了惊人的效果：未受过教育和只受过一点教育的人民大众都相信他们的确只有很少几个星期来准备迎接末日审判了。群众离开他们的职业，抛弃他们的工作，以便把这剩下的短暂时间用来祈祷和聆听这位先知的告诫，全国由于这规模庞大的罢工而陷于瘫痪;交通和工业停顿。人民完全有放弃工作的合法权利,这位先知也完全有合法权利去宣传他的世界末日即将来临的思想——耶稣基督及其门徒在他们那时代就持有这意见,虽然也同样是错误的。人们会说,绝症需用剧药治,政府会禁不住要镇压这位狂热的宗教徒。但是拘禁一个没有破坏法律或力劝任何人破坏法律,或引起破坏治安的人,就会是彰明昭著的暴政了。许多人会认为,倒拨自由时钟的坏事超过了所有暂时性的坏事,尽管由于谬见传播引起的坏事规模很大。如果否认言论自由有时会给社会造成某种损害,那将是荒谬的。每一种好事物有时也会损害社会。例如政府有时犯致命的错误;法律对一些个别案件往往很苛刻且不公正。当基督教徒被人不愉快地提醒,由于基督教的唯独得救论,它曾造成无数苦难时,他们还能为他们的宗教强调任何其他辩解吗?

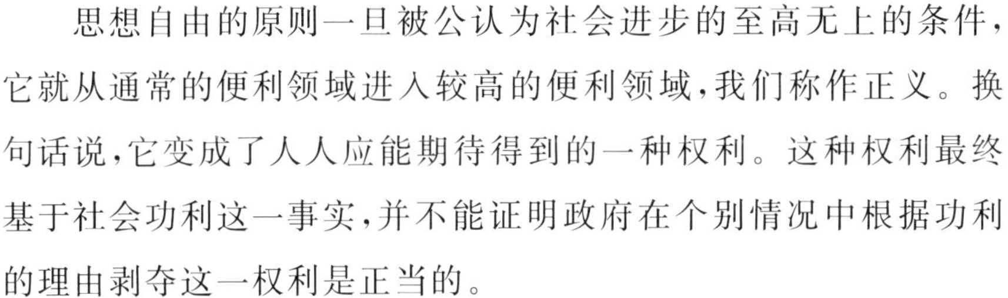

思想自由的原则一旦被公认为社会进步的至高无上的条件,它就从通常的便利领域进入较高的便利领域,我们称作正义。换句话说,它变成了人人应能期待得到的一种权利。这种权利最终基于社会功利这一事实,并不能证明政府在个别情况中根据功利的理由剥夺这一权利是正当的。

近年来,英国令人震惊地对亵渎神圣事宜施加惩罚说明了这一点。一般都以为,亵渎神圣法(见前文第 139 页[原书页码。——译者])虽然没有正式撤销,但已是一纸空文。但是自 1911 年 12 月以来,有六人因违犯此法被监禁。在这些案件中,基督教教义受到一些贫穷且很少受过教育的人以可以说是粗俗无礼的语言的攻击。有的法官似乎坚持认为,攻击基本教义如能保持

“争论的礼节”,则不算违犯亵渎神圣法,但是用粗鄙的话攻击就构成犯亵渎神圣罪。这就使亵渎神圣法令有新的定义了,而这是完全违反这项法律的意旨的。J. F. 斯蒂芬爵士指出,自从高等法院法官黑尔(17 世纪)起所作的一些判决到 1883 年对福特(Foote)的审判,都确定了同一个原则并根据的是同一原理:凡否定基督教基本教义的真理,或蔑视或嘲笑这些教义的,就构成犯罪行为;而原理在于基督教是国家法律的一部分。

为这样的控告所作的辩解是,他们的目的是要保护宗教情操免遭污辱和嘲笑。J. F. 斯蒂芬爵士说:“如果说法律是真正公正无私的,而且只惩罚亵渎神圣行为,因为这冒犯了信教者的感情,那么它也应该惩罚诸如冒犯不信教者的感情的这类布道。一切更加热情和狂热的宗教都极端冒犯了那些不信这类宗教的人。如果法律根本不承认基督教教义的真理,那就应该对救世军也应用同一法则。”事实上这项法律“只能根据我认为是其真正的原理即宗教迫害的原理,才能加以解释和证明是正确的”。反对基督教者说得很对:如果基督教是虚妄的,为什么只能用礼貌的语言来攻击它?基督教的优点应根据其真实性来定。如果你承认它的虚妄,你就不能坚持认为它应得到特殊保护。但是法律对于基督教徒却没有施加任何限制,不管他的宣教可能会对那些不同意他的观点的人有多大冒犯;因此,法律不是建立在防止使用会引起违法的语言的公正无私愿望的基础上;因此它是根据认为基督教是正确的假设;因此它的原理是迫害。

当然,普通法中现在有关亵渎神圣法的实施情况,不会危及那些有能力对进步做出贡献的不信教者的自由。但是它破坏了主张和讨论的自由的最高原则。它阻止未受过教育的人用他们知道的说法说出那些受过教育的人所说的事，后者说的话不受惩罚，效果大得多，而且方式狡猾。这两年间被投入监狱的某些人，只是用可叹的粗俗语言讲出在一些书中多少是彬彬有礼表达的观点，一个主教，除非是个十分愚昧无知的人，否则他的图书馆中都有这些书，而法律如果有点健全的话，就应对此法办。由此可见，现行的法律只不过是惩罚粗俗语言和使未受过教育的自由思想者丧失发言的资格。如果他们的话触犯了听众以致引起骚乱，他们应被控破坏公共秩序，[①]不是因为他们的话是亵渎神圣的。一个人偷窃或损害一所教堂，甚或一所主教邸宅，不是被控窃取神物罪，而是被控犯盗窃罪或恶意破坏罪或其他这类罪名。

1889年，布雷德劳曾在下院提出废除对亵渎神圣罪的惩罚，但遭到否决。现在迫切需要改革。改革可“防止不时一再出现的恶意中伤的控告，这种控告既没有在任何审判事例中对谁有利，至少也没有达到他们的意图，有时倒为一些人提供一个披着宗教外衣发泄私怨的渠道”。[②]

理性反对权威的斗争结局，现在显出是一个争取自由的决定性的和持久的胜利。在一些最文明和最先进的国家里，讨论自由是公认的基本原则。我们可以说，事实上这被认为是开明情况的

① 在德国，亵渎神圣是一种犯罪，但必须证明确是犯了，而且惩罚不超过监禁三天。

② 引文引自J. F. 斯蒂芬爵士的文章《亵渎神圣与亵渎神圣毁谤》，载于《评论双周刊》，1884年3月，第289—318页。

试金石，路人都会乐意承认，像俄罗斯和西班牙这些国家言论多少受到钳制，据此必须认为是不如邻国文明的国家。所有的知识分子都认为，天地间没有什么问题不应进行研究，这是理所当然的事，不用遵从或提及神学的臆说。没有一位科学家在发表他的研究成果时有什么畏惧，不管它对现时的信仰会有什么后果。对宗教教义和政治的、社会的制度的批评是自由的。乐观的人们会自信地认为这种胜利是永恒的；现在可确保人类永远拥有思想自由；将来我们会看到，那些仍在抑阻自由的势力会垮台，而自由会在世界上比较落后的那些地区逐渐普及。然而历史会提示，这种前景并不能确保。我们能肯定不会出现大倒退吗？因为正如我们已看到的，在古希腊和罗马世界，无拘束的自由讨论和思辨已充分实现，后来一种未预见到的势力，以基督教的形式进来了，对人类的思想提出要求并压制思想自由，人类被强加一场长得令人厌倦的斗争，去恢复他曾失去的自由。难道同类的某种事情不会再发生吗？难道不会有某种新的势力在人们不知不觉中冒了出来，使全世界震惊并造成类似的倒退吗？

不能否认有这种可能性，但是有一些必须考虑到的事实会使得这不大可能发生（除非发生大灾祸把欧洲文化扫尽）。现今与古代的智力状况存在某种重大的不同情况。古希腊人对于自然界天地万物的性质的种种事实知之甚少。当时讲授的许多事物并没有得到证实。拿他们在数学以外曾取得极大进步的天文学和地理学这两门科学来说，可以比较一下他们所知道的和我们现在所知道的知识。当时已证明的事实是如此之少，不足以作为根据展开研究，因此可供思考的余地最宽广。现在要禁止许多对立的理论以支持一种理论与压制整套已知事实完全是不同的事。如果一派天文学家认为地球绕太阳转，另一派认为太阳绕地球转，但是两派都未能证实他们的主张，那对于一个拥有高压统治权力权威来说，成功地禁止其中一派是很容易办到的事。但是一旦所有的天文学家都一致认为地球是绕着太阳转的，任何权威要强迫人们接受一个错误的观点可是徒劳无功了。总之，因为理性已拥有关于宇宙性质的大量已探知确定的事实，较之被基督教神学禁锢的时期已据有一个强大得多的阵地。所有这些事实都是它的要塞。还有，现在很难看到将来有什么能阻止知识继续不断进步的。在古代，这种推动进步的事依靠少数人；现今则有许多国家参与这一工作。今天，到处都普遍确信科学的重要性，而在古希腊这种信念并不普遍。物质文明的进步依赖科学的情况，或许是科学研究不会突然停顿的实际保证。事实上，科学就像宗教一样，现在已成为一种社会制度。

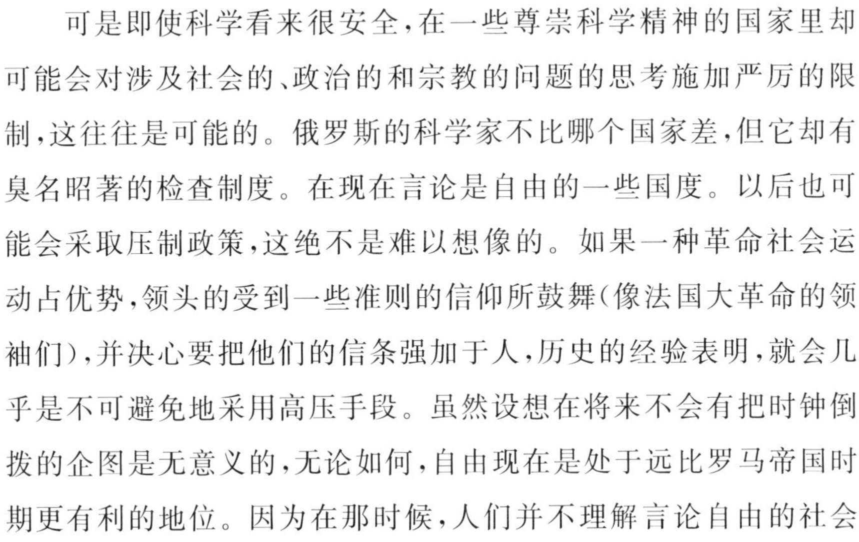

可是即使科学看来很安全，在一些尊崇科学精神的国家里却可能会对涉及社会的、政治的和宗教的问题的思考施加严厉的限制，这往往是可能的。俄罗斯的科学家不比哪个国家差，但它却有臭名昭著的检查制度。在现在言论是自由的一些国度。以后也可能会采取压制政策，这绝不是难以想像的。如果一种革命社会运动占优势，领头的受到一些准则的信仰所鼓舞（像法国大革命的领袖们），并决心要把他们的信条强加于人，历史的经验表明，就会几乎是不可避免地采用高压手段。虽然设想在将来不会有把时钟倒拨的企图是无意义的，无论如何，自由现在是处于远比罗马帝国时期更有利的地位。因为在那时候，人们并不理解言论自由的社会重要性，而现今，由于为重建这种自由制度所必须进行的长期斗争的结果，人们自觉地认识到它的价值。或许这种信念会很强烈，足以抵抗一切反对自由的阴谋。同时，我们应尽一切力量使年轻人铭记，思想自由是人类进步的公理。然而这恐怕要经过很长一段时期才可能做到。因为我们对儿童的早期教育是建立在权威的基础上的。的确，有时也会勉励孩子们自己去思考。但是给予这种杰出忠告的父母或师长相信，孩子自由思考的结果会与他的长辈认为是理想的意见相一致的。人们认为，他会从已由权威灌输给他的原理出发去推理。不过要是他自行思考采取质疑这些不论是道德或是宗教的原理的方式，他的父母和师长除非不是常人，就会很不高兴，并肯定会阻止他这样想下去。当然，只有非常有前途的孩子的思想自由才会走得这么远。在这个意义上，“不要相信你的父母”，也许可说是富有希望的头一条训条。在孩子们长大到能够理解的时候，应尽早向他们说明，什么时候接受根据权威所说的话是合理的，什么时候接受这种话就不是合理的了，这应是教育的一部分。

图书在版编目(CIP)数据

思想自由史/(英)J. B. 伯里著;周颖如译. —北京:商务印书馆,2017
(汉译世界学术名著丛书:120年纪念版:珍藏本)
ISBN 978-7-100-14296-0

Ⅰ. ①思… Ⅱ. ①J… ②周… Ⅲ. ①自由—思想史—欧洲 Ⅳ. ①D081

中国版本图书馆CIP数据核字(2017)第139447号

汉译世界学术名著丛书
(120年纪念版·珍藏本)
思想自由史
〔英〕J. B. 伯里 著
周颖如 译

商 务 印 书 馆 出 版
(北京王府井大街36号 邮政编码100710)
商 务 印 书 馆 发 行
北京中科印刷有限公司印刷
ISBN 978-7-100-14296-0

2017年12月第1版　开本710×1000 1/16
2017年12月北京第1次印刷　印张10
定价:50.00元